OCEANSIDE PUBLIC LIBRARY
330 N. Coast Highway
Oceanside, CA 92054

D0924457

CIVIC CENTER

HABLAR
EN
PÚBLICO
ARTE Y TÉCNICA DE LA ORATORIA

GUILLERMO BALLENATO PRIETO

HABLAR
EN
PÚBLICO

ARTE Y TÉCNICA DE LA ORATORIA

EDICIONES PIRÁMIDE

COLECCIÓN «LIBRO PRÁCTICO»

Diseño de cubierta: Anaí Miguel

Reservados todos los derechos. El contenido de
esta obra está protegido por la Ley, que establece penas de prisión y/o multas, además de las
correspondientes indemnizaciones por daños y
perjuicios, para quienes reprodujeren, plagia-
ren, distribuyeren o comunicaren públicamente,
en todo o en parte, una obra literaria, artística
o científica, o su transformación, interpretación
o ejecución artística fijada en cualquier tipo de
soporte o comunicada a través de cualquier otro
medio, sin la preceptiva autorización.

© Guillermo Ballenato Prieto
© Ediciones Pirámide (Grupo Anaya, S. A.), 2006, 2008, 2008R, 2009, 2010, **2013**
Juan Ignacio Luca de Tena, 15. 28027 Madrid
Teléfono: 91 393 89 89
www.edicionespiramide.es
Depósito legal: M. 26-2013
ISBN: 978-84-368-2752-1
Printed in Spain

3 1232 00953 1817

ÍNDICE

PRÓLOGO A LA SEGUNDA EDICIÓN

Son muchos años ya los que el profesor Guillermo Ballenato ha dedicado a los alumnos de la Universidad Carlos III de Madrid, como responsable de la orientación psicológica y psicopedagógica —Asesoría de Técnica de Estudio— y del Programa de Mejora Personal. Un largo período de tiempo en el que todos aquellos que hemos tenido la suerte de conocer su admirable desempeño hemos podido constatar tanto sus profundos conocimientos y su gran capacidad profesional como su extraordinaria talla humana y su indesmayable vocación de trabajo y de servicio al bienestar de la comunidad universitaria. A lo que se une la proyección de estas mismas cualidades en una destacada faceta como escritor, que se ha visto concretada en diversos libros acogidos con un notable éxito de difusión.

Es fácil comprender, en consecuencia, la honda satisfacción con la que he recibido y aceptado la invitación que el autor me ha trasladado para contribuir con unas palabras introductorias a esta nueva edición de una de sus obras más conocidas. El honor que supone este encargo ofrece, además, la ventaja de que el tema abordado en este libro no pierde nunca, pese a la amplia reflexión que durante siglos ha suscitado, su indiscutible relevancia y su actualidad.

En efecto, ser capaz de hacer frente al reto de hablar en público ha constituido siempre una aptitud muy apreciada y susceptible de reportar a su poseedor un instrumento dotado de enorme eficacia: el poder de la persuasión. No sorprende, por tanto, que ya en el mundo grecolatino, en el que florecen algunos de sus más afamados cultivadores (Pericles, Demóstenes, Georgias, Cicerón...), la elocuencia, descrita por Isócrates como el arte de presentar en toda su grandeza las cosas pequeñas y en toda su sencillez las cosas grandes, se hiciese merecedora de una preferente atención, generando la aparición de todo un saber teórico, la retórica, destinada a identificar y formular el conjunto de reglas, preceptos y principios dirigidos a posibilitar la penetración en los secretos de la comunicación oral y escrita.

Ahora bien, como todo poder, la capacidad oratoria puede convertirse también en un arma muy peligrosa si es utilizada con fines inapropiados. El propio autor pone de relieve esta dimensión al subrayar cómo el orador con su discurso puede influir poderosamente en el ánimo y en la conducta de sus oyentes, y ofrecerles una visión parcial o distorsionada de la realidad. E incluso, cabe añadir, puede llegar a incitarles a emprender o a adoptar acciones y comportamientos reprobables, basados en la creación de esta errónea percepción, como diversos infaustos ejemplos suministrados por la historia se encargan de demostrar. No en vano la evidencia de este riesgo es la que justifica la habitual presencia en los viejos tratados de oratoria de invocaciones referidas a la exigencia moral que yace implícita en su ejercicio. Aunque, afortunadamente, es ésta una amenaza que nuestras sociedades modernas han logrado, en gran medida, disipar.

Dejando, pues, al margen esta potencial desviación de su natural utilidad, la capacidad de manejar la fuerza de la palabra constituye hoy un factor clave para alcanzar las metas perseguidas en los ámbitos académico y profesional. Y si bien existe un elemento innato que a ciertas personas les coloca en situación ventajosa a la hora de desplegar sus habilidades de comunicación, es indudable que, como el propio subtítulo de este libro indica, la oratoria, además de un arte, es una técnica, cuyo dominio puede ser adquirido y perfeccionado.

Por eso, cobra pleno sentido que sean los estudiantes que completan su educación los destinatarios principales de esta guía, dirigida a facilitarles ideas, recursos y estrategias que pueden resultarles enormemente valiosos en sus futuras actividades.

El propósito de este libro, siempre vigente, ha ganado, además, todavía mayor actualidad al compás del desarrollo del ambicioso proyecto de creación de un Espacio Europeo de Educación Superior. Un fenómeno que ha supuesto una radical transformación del escenario en el que se desenvuelven los estudios universitarios y que entre sus múltiples facetas ha comportado, al menos en aquellas universidades que han asumido plenamente sus directrices, un profundo giro en la orientación, las prioridades y las herramientas que definen la nueva metodología docente.

En este sentido, el principal cambio operado ha consistido en la sustitución de una enseñanza tradicional, fundamentalmente basada en la mera transmisión de conocimientos teóricos, por nuevas formas de aprendizaje dirigidas a estimular en el alumno el desarrollo de capacidades y habilidades personales susceptibles de colocarle en situación de afrontar y de dar una solución adecuada a los problemas planteados en la práctica en su correspondiente ámbito de estudio. Un modelo hasta cierto punto revolucionario que también ha llevado aparejada la introducción de otras innovaciones sustanciales: la pérdida de peso específico de la vieja lección magistral, la organización de las tareas docentes en grupos reducidos, el creciente protagonismo del alumno en la dinámica y en la propia conducción de las clases a través de técnicas didácticas interactivas y de actividades que requieren de su participación directa, como debates, exposiciones o seminarios, el fomento del trabajo en equipo o la importancia cobrada por la labor tutorial del profesor son las principales.

Todo pretende, por tanto, ir encaminado a favorecer que el alumno abandone el papel meramente pasivo al que durante tanto tiempo ha sido relegado y a que se acostumbre a pensar y a juzgar por sí mismo con espíritu analítico, crítico y constructivo. Pues esto es, en definitiva, lo que nuestra sociedad, cada vez más compleja, exigente y competitiva, demanda a quienes se incorporan a los círculos profesionales. Y, consecuentemente, la capacidad de expresar y transmitir con claridad, solidez y brillantez ideas, opiniones y propuestas adquiere una trascendencia capital en el proceso formativo de las presentes y las futuras generaciones.

Al cumplimiento de este prioritario objetivo viene, en fin, a contribuir esta importante obra de Guillermo Ballenato que ahora se reedita y que, por su marcado carácter práctico, su coherente planteamiento y su estilo sencillo y accesible, está llamada a ofrecer a sus afortunados lectores un excepcional instrumento de apoyo para lograr un mejor dominio de esa cualidad tan valiosa, tan útil y tan anhelada como es saber captar la atención y el interés de un público mediante la palabra.

MANUEL ÁNGEL BERMEJO CASTRILLO
Decano de la Facultad
de Ciencias Sociales y Jurídicas
Universidad Carlos III de Madrid

PRÓLOGO A LA PRIMERA EDICIÓN

El Espacio Europeo de Enseñanza Superior —Bolonia en nuestro lenguaje común— está próximo a establecerse, y con él, se nos adelanta por los que conocen el contenido de sus propuestas y transformaciones, un cambio en los métodos de enseñanza y aprendizaje que van a requerir una participación más activa del alumno a través de trabajos individuales y de grupo, y de exposiciones orales de sus conocimientos ante sus compañeros y profesores.

Hace ya algunos años que, previendo el nuevo panorama que comenzaba a dibujarse en la enseñanza superior, utilizo con mis alumnos un sistema de evaluación continuada en el que se fomenta el trabajo en equipo, los ensayos o pequeños trabajos individuales, las lecturas en público de textos de las fuentes jurídicas, etc. Y durante estos años he podido comprobar, hablando de ello con otros colegas que han adoptado sistemas similares, las carencias en la formación en estas técnicas que, en ocasiones, sumen en la melancolía al profesor que trata de aplicarlas.

En el libro que tengo el honor de prologar, el profesor Ballenato ofrece a la comunidad universitaria una guía muy útil para abordar con éxito estos nuevos métodos, en concreto el hablar en público, adentrándose en una materia tan de siempre y tan actual como es la del arte y la técnica de la oratoria.

Quizá por deformación profesional —no en vano llevo años dedicándome a la enseñanza del Derecho romano—, me ha venido a la mente la figura del calagurritano Marco Fabio Quintiliano (c. 35-c. 95 d. C.), abogado y profesor de retórica en la Roma del Principado, que tuvo en su nómina de alumnos a Plinio el Joven

(62-113? d. C.) y al que después de recibir sus enseñanzas llegaría a ser emperador Adriano (76-138 d. C.). Preocupado, como el profesor Ballenato, por la formación de sus discípulos como oradores —«el orador se hace, el poeta nace» es frase que se le atribuye—, escribió una *Institutio oratoria* en 12 *libri,* con una finalidad eminentemente práctica. En ellos nos informa de cómo se organizaba en Roma la educación elemental y de los métodos para la formación básica en el campo de la retórica, de los fundamentos y técnicas de la oratoria y de cómo, en su opinión, la lectura era un elemento fundamental en la formación de un buen orador.

Nos dice el profesor Ballenato en las páginas que siguen que el orador es una persona que tiene «poder», que su discurso influye en la conducta y el ánimo de los oyentes, que tiene el poder de cambiar la realidad e incluso de crear realidades nuevas con sus palabras. Consciente de este «poder», y de que el que dispusiera de él debía utilizarlo adecuadamente, Quintiliano nos expuso también las cualidades morales que debía reunir quien se dedicara a la Oratoria.

Arte y técnica —*ars* y *tékhne*— de la oratoria es el subtítulo de este libro. La oratoria es, pues, un saber técnico, susceptible de ser aprendido.

El autor vuelca en el libro toda la experiencia que ha acumulado en esta materia en su trabajo durante muchos años, y desde hace algún tiempo en nuestra Universidad, como psicólogo y como pedagogo.

Los cursos que ha impartido en la Universidad Carlos III sobre «Oratoria y argumentación en litigios» han llevado a nuestros alumnos participantes en el Willem C. Vis International Commercial Arbitration Moot a obtener éxitos más allá de nuestras fronteras.

Con esta publicación pone al alcance de todos los interesados lo que es necesario saber para moverse con soltura en este terreno, a la vez que supone una muy valiosa aportación para que podamos afrontar, todos, discentes y docentes, el reto que Europa nos lanza para conseguir una enseñanza superior de calidad, que forme a hombres y mujeres que no sólo sepan y se atrevan a pensar por sí mismos atendiendo a la máxima kantiana del *aude sapere,* sino que, también, sepan expresar con convicción y brillantez esos pensamientos.

MANUEL ABELLÁN VELASCO
Exdecano de la Facultad
de Ciencias Sociales y Jurídicas.
Universidad Carlos III de Madrid

INTRODUCCIÓN
LA ORATORIA ES UN REGALO

*«La verdadera elocuencia consiste
en decir todo lo que hay que decir,
y nada más que lo que hay que decir.»*
LA ROCHEFOUCAULD

Tras casi dos décadas de profundización tanto teórica como práctica en un tema tan apasionante como es la oratoria, se edita finalmente este libro que pretende acercar a todas aquellas personas interesadas una visión bastante práctica del tema, y desde una óptica especialmente positiva.

Durante años, en cada nuevo curso de oratoria que he tenido el privilegio de impartir, he podido observar cómo un alto porcentaje de alumnos llegaba con una cierta prevención, con miedo al ridículo, a la crítica, a convertirse durante los ejercicios prácticos en el punto de mira, en el centro de atención. Pero una vez iniciada la dinámica del curso y según se avanzaba en la temática, se iban encontrando a sí mismos, descubriendo en su interior cualidades ocultas, aún sin explorar, que se encuentran en todos y cada uno de nosotros aunque la mayoría de las personas no somos conscientes de ello.

La *elocuencia* se traduce en facilidad para expresar, claridad al explicar, intensidad en la comunicación y capacidad persuasiva. El ponente es capaz de captar la atención del público, conseguir que esa atención se mantenga durante la exposición, despertar el interés por el tema, convencer, modificar actitudes y conductas.

El dominio de la oratoria, de la dialéctica y de la retórica nos permitirá:

- Expresar con facilidad.
- Informar con precisión.

- Explicar con claridad.
- Demostrar con rigor.
- Persuadir con convicción.
- Argumentar con eficacia.

Con frecuencia nos preguntamos con asombro, qué hace que en una charla animada con los amigos encontremos palabras de sobra para expresar nuestras ideas, mientras que en la tribuna, ante un micrófono y bajo la mirada atenta de un grupo de personas, podamos perder toda nuestra locuacidad y naturalidad, y quedarnos como paralizados, en blanco, sin ideas y sin palabras. Ésa es precisamente la cuestión que nos ocupa en este libro.

La oratoria tiene múltiples *dimensiones:* intelectual, afectiva, personal, social, conductual, ideológica, ética, sensitiva, estética. Para entender el verdadero calado de un discurso, todas ellas deben ser tenidas en cuenta, y ser analizadas y estudiadas con detenimiento.

El orador es una persona que tiene «poder». Su discurso influye en el ánimo y en la conducta de los oyentes. De algún modo, tiene el poder de cambiar la realidad, e incluso de crear realidades nuevas con sus palabras. Sin embargo, el orador no es una persona excepcional. Es un ser humano como los demás, pero que ha adquirido, desarrollado y puesto en práctica determinados conocimientos, habilidades y actitudes.

De entrada, puede resultar difícil percibir la oratoria como una *oportunidad,* un *regalo* o un *privilegio,* pero ésa es una idea fundamental que pretende transmitir este libro. El acto de hablar en público es una invitación, un permiso que se otorga al público y que le permite asomarse a la mente y a la vida del orador. La oratoria es una atención, una aceptación y una acogida mutua. Y el hecho de poder recibir la atención de la audiencia es un auténtico regalo para el orador.

Este libro desarrolla las técnicas principales de expresión, argumentación y persuasión, a partir de los principios teóricos de la Dialéctica y la Retórica. La oratoria del siglo XXI requiere estrategias específicas, adaptadas a las características de la sociedad actual y de sus avances tecnológicos, sin embargo, en lo fundamental, se sigue manteniendo fiel al soporte teórico que fueron tejiendo grandes oradores y estudiosos de la retórica en la antigüedad: Sócrates, Platón, Aristóteles, Quintiliano, Demóstenes, Cicerón, Isócrates, Pericles...

La temática que aborda este manual ha sido analizada, descrita y desarrollada por una gran diversidad de autores, investigadores, docentes y estudiosos del tema. Se ha incluido una extensa bibliografía al final del libro, con objeto de que el lector pueda profundizar aún más en aquellos contenidos que le resulten de especial interés.

A través de los diferentes capítulos del manual se analizan las diversas variables implicadas en la oratoria, y se ofrecen pautas metodológicas para realizar presentaciones eficaces. El lector encontrará ideas, podrá aprender, practicar, seleccionar y perfeccionar estrategias diversas, y establecer criterios para realizar la autoobservación y el autoanálisis. Debemos conocer nuestras carencias e identificar nuestros defectos para poder corregirlos, pero conviene igualmente descubrir nuestras cualidades personales, ese potencial oculto. Poco a poco, inmersos en ese proceso de autodescubrimiento y experimentación, podremos ir acercándonos a nuestro ideal de orador.

Las técnicas oratorias no son dogmas. La clave del éxito residirá especialmente en nuestra habilidad para adaptarlas a nosotros mismos, a nuestra forma de ser. Como veremos, la oratoria deja al descubierto la personalidad del orador. Sus conocimientos e ignorancias, actitudes y valores, deseos y frustraciones, dudas y certezas, cualidades y defectos, todo queda expuesto ante el público, como en una vitrina o un escaparate.

Agradecimientos

Deseo expresar mi agradecimiento a mis *compañeros* de profesión, amigos y alumnos, por su valioso y constante ánimo y estímulo, así como por sus comentarios, aportaciones y sugerencias.

A la *Universidad Carlos III de Madrid*, cuyo decidido apoyo a la formación integral y al desarrollo personal del estudiante está en el origen de este libro. A toda la comunidad universitaria, por su confianza y aliento, y su calidad humana y profesional. Gracias también a don *Manuel Abellán Velasco*, exdecano de la Facultad de Ciencias Sociales y Jurídicas de la Universidad Carlos III de Madrid, por su amabilidad al escribir el prólogo de la 1.ª edición. Y a don *Manuel Ángel Bermejo Castrillo*, actual decano de dicha Facultad y autor del valioso prólogo que introduce la presente edición. Y gracias también a todos aquellos que os habéis animado a adentraros en su lectura, decididos a profundizar en una temática tan apasionante como es la mejora de la expresión en público.

GUILLERMO BALLENATO PRIETO
gballenato@gmail.com
www.cop.es/colegiados/m-13106

1

ORATORIA

EL ARTE DE CONTAR

«Casi todos los hombres saben pensar,
pero son muy pocos los que quieren oír a los demás.»

SENTENCIA INDIA

"Demóstenes ante el mar
superando su tartamudez entre
el ruido de las olas"

EL PRIVILEGIO DE HABLAR

Tarde o temprano todos tenemos que afrontar la situación de hablar delante de un grupo de personas. Es posible que tengamos que hacer una presentación de un trabajo o proyecto, realizar un examen oral, impartir una conferencia o una clase, intervenir en un debate o una reunión, presidir la junta de la comunidad de vecinos, decir algunas palabras durante alguna celebración especial. En realidad, cuando hablamos de oratoria, nos referimos indirectamente a la presentación de *uno mismo* ante los demás.

La habilidad para la oratoria es una cualidad que se puede potenciar y que, generalmente, resulta esencial para el *éxito* personal, académico, social y profesional. Desde la antigüedad, con Cicerón o Demóstenes como grandes exponentes de la oratoria, hasta nuestros días hay todo un elenco de oradores que han desarrollado y enseñado sus habilidades a través de sus discursos, su estilo, su voz y su imagen.

Aun cuando hay personas que de modo innato parecen reunir una serie de aptitudes que les dotan especialmente para la oratoria, la técnica, el aprendizaje y la práctica es lo que realmente hace a los grandes oradores.

La mera posibilidad de tener que dirigirse públicamente a una audiencia causa en muchas personas una especial preocupación. Aunque de entrada la afirmación pueda parecer sorprendente, la oratoria puede ser una experiencia *gratificante*. La clave reside principalmente en adoptar una actitud positiva y aplicar determinadas técnicas que contribuyen al éxito.

La exposición en público de una charla, conferencia o sesión de formación, aúna aspectos esenciales de la oratoria. El discurso y el debate político dan cabida a una profundización en las estrategias de argumentación, que requieren práctica, seguridad, conocimiento y agilidad.

Las técnicas, *estrategias* y orientaciones que se exponen en este libro deben adaptarse especialmente a la *personalidad* del orador, al *contexto* y a las características del *auditorio*. Un conocimiento profundo de la materia y del contenido a impartir es una condición necesaria pero no suficiente para garantizar el éxito. Triunfar dependerá en gran medida de la flexibilidad y capacidad de adaptación del ponente, del conocimiento de los aspectos clave de la oratoria, de su experiencia previa dirigiéndose al público y, muy especialmente, de su empatía o capacidad de ponerse en el lugar de su audiencia.

Para lograr la excelencia en la oratoria habrá que partir de una serie de *condiciones* imprescindibles, entre las que podemos destacar:

- La *autoconfianza*.
- La orientación personal *positiva*.
- La *claridad* en la exposición de las ideas.
- La *preparación* previa.
- La *empatía*.
- El *autocontrol*.
- La *práctica*.

Lo que sin duda suele suponer un verdadero cambio radical a la hora de abordar la oratoria es el simple hecho de concebirla como un *regalo*, como una oportunidad para disfrutar. Solemos estar, en general, más predispuestos a pasar pronto el mal trago que a disfrutar realmente de la ocasión.

Con frecuencia se olvida el singular *privilegio* que supone el hecho de que los demás estén dispuestos a escucharnos con atención y a dedicarnos su tiempo. El orador debe sentirse afortunado porque «tiene la palabra». La oratoria es una *oportunidad* especial de expresarnos según nuestro criterio, conocimiento y experiencia. Es la ocasión de ser escuchados, de transmitir conocimientos, de compartir nuestras ideas con los demás.

Gran parte de las dificultades de la oratoria tienen su origen en el exceso de atención que nos prestamos a nosotros mismos. Hay que pasar del «yo» a centrarnos en el «*nosotros*», poniendo especial cuidado e interés por los demás. Lo verdaderamente importante en la presentación son las *personas* que componen el auditorio y el *mensaje* que se desea transmitir.

Un objetivo final del perfeccionamiento en la oratoria debe ser la *mejora de uno mismo*, el descubrimiento de facetas, posibilidades y habilidades que se hallan ocultas o que tal vez no habíamos explotado suficiente o adecuadamente. *En cada persona puede haber un gran orador* que dispone de habilidades que desconoce. En muchos casos, descubrirlas tan sólo es cuestión de eliminar las barreras que las ocultan, dotar a la persona de algunas herramientas sencillas, hacer crecer su confianza en sí misma y darle la oportunidad de salir a escena.

Pero, antes de nada, debemos analizar las principales *estrategias* para realizar presentaciones eficaces en público, estudiando con detalle las variables que contribuyen al éxito, desglosando cada una de las fases del proceso y profundizando en ellas. Seguiremos una secuencia lógica que contribuye a optimizar el resultado de las presentaciones, ganando en seguridad, confianza y capacidad de persuasión.

Podemos practicar, aprender de nuestros errores dejando de lado la vergüenza, y aprender también de la *observación* de las presentaciones que realicen otras personas. Es necesario desarrollar un *espíritu crítico* que podremos seguir utilizando para refinar nuestro aprendizaje. Según nos vamos adentrando en el conocimiento de las claves de la oratoria resulta difícil presenciar presentaciones en público, incluso breves intervenciones que aparezcan en televisión, sin esa nueva perspectiva y sentido crítico. Continuaremos aprendiendo algo nuevo de cada una de ellas, y ese aprendizaje nos ayudará a perfeccionar nuestra propia técnica y estilo.

LA ORATORIA Y OTRAS DISCIPLINAS

Muchas disciplinas intentan abordar desde sus respectivos ámbitos de conocimiento la complejidad del ser humano, de sus emociones, su pensamiento y su conducta. En definitiva, de su ser y de su espíritu. La oratoria, el arte de la elocuencia, está vinculada y estrechamente conectada a otras disciplinas. En algún caso no existen entre ellas fronteras muy precisas, sino más bien zonas de complementación.

Entre esas disciplinas cabe destacar las siguientes:

- *Retórica:* ciencia, teoría y práctica de la elocuencia y la persuasión, tanto oral —oratoria— como escrita. Aborda los preceptos requeridos para la formación de un buen orador, definiendo las reglas que rigen la construcción del discurso de modo que sea capaz de influir sobre las ideas, opiniones y sentimientos de los demás. Aborda tanto la composición del discurso como la pronunciación del mismo.
- *Psicología:* estudia la conducta del hombre como individuo. Analiza procesos tan diversos como la percepción, el pensamiento, el lenguaje, la personalidad, la motivación, el autoconcepto, la ansiedad, el aprendizaje, la conducta. El ser humano es un ser social que se comunica constantemente. La palabra expresa el ser del hombre, su estado de ánimo, sus conocimientos y experiencia, sus emociones. La relación

que establece con los demás en su discurso es, de algún modo, una proyección de la relación que establece consigo mismo.

- *Antropología:* estudia e interpreta la retórica como un comportamiento más del ser humano. Cualquier conducta queda vinculada a una colectividad, a un contexto y a una cultura determinadas, con sus propias costumbres, lenguaje, creencias y modos de actuar.

- *Sociología:* estudia los fenómenos socioculturales, la formación y el funcionamiento de la sociedad, las interacciones entre individuos. En definitiva, estudia al hombre en su medio social. Analiza cómo se ve influenciado por aspectos culturales, y por las expectativas de la comunidad de referencia. La interacción social es un concepto básico de la sociología, y un componente esencial de la oratoria. Hay que entender el discurso dentro de un contexto social bajo la influencia cultural e histórica de una determinada sociedad.

- *Filosofía:* se trata de un saber multidisciplinar, que contribuye a la conceptualización y expresión del pensamiento y las ideas en palabras. Se centra en la búsqueda continua del verdadero conocimiento de la realidad, ofreciendo explicaciones a partir de argumentos racionales, e interrogándose con un sentido crítico por las cuestiones y adoptando perspectivas que sirven de complemento a la ciencia. Explicar, interrogarse, argumentar, son una constante en la oratoria.

- *Política:* centra gran parte de su estudio en cómo los gobiernos pueden resolver problemas principalmente sociales y económicos. El debate político surge de la defensa de las diferentes formas de abordar y responder a dichas cuestiones. Muchos discursos políticos centran su atención en cómo generar las condiciones sociales necesarias para garantizar el bienestar de los ciudadanos. Y también se centran en demostrar la poca validez de las propuestas alternativas. Se abordan así cuestiones y valores como la libertad, la justicia, la igualdad, la democracia.

› *Derecho:* la actividad jurídica se desarrolla en muy diferentes ámbitos. Su núcleo central es el estudio de los diversos principios y preceptos que regulan las relaciones entre los seres humanos que viven en sociedad. En la argumentación, la solución de conflictos de intereses entre las partes, la presentación de pruebas y alegaciones en defensa de las diferentes posturas, la defensa y la interpretación y aplicación de las leyes, los vínculos con la oratoria son evidentes.

• *Pedagogía:* la teoría de la enseñanza y el estudio de las condiciones óptimas de la recepción de los conocimientos y del logro de los objetivos de aprendizaje son el ámbito propio de la pedagogía. La didáctica es una de las funciones principales de la oratoria. A su vez, la propia enseñanza de la oratoria ha sido considerada por muchos autores como la estrategia más eficaz de formación integral y de desarrollo personal, al trabajar procesos tan importantes como el conocimiento de los contenidos, el análisis, la redacción, la exposición, el debate, la autocorrección.

• *Epistemología:* es una rama de la filosofía que se encarga de la definición del saber, de los conceptos, los criterios, los tipos de conocimiento. La razón —racionalismo deductivo— y la experiencia —empirismo inductivo— son consideradas las principales fuentes y pruebas del conocimiento, y son los ejes centrales de muchos discursos.

• *Ética:* la ética es una disciplina filosófica que estudia la rectitud de las acciones humanas, conforme a los principios de la razón. Analiza los principios y criterios que orientan los comportamientos morales del ser humano.

• *Lógica:* estudia los principios formales del conocimiento, y analiza la validez de los razonamientos, los argumentos y las premisas, así como de la conclusión que de ellos se deriva. Para convencer y persuadir en la oratoria es necesario conocer los fundamentos de la lógica formal y sus posibilidades de aplicación.

- *Dialéctica:* el diálogo, palabra de la que originalmente deriva, supone la interacción entre dos partes, que preguntan y responden buscando la adhesión del interlocutor a las propias tesis. Aporta la posibilidad de demostrar y apoyar las tesis a partir de una argumentación eficaz, rebatiendo las propuestas contrarias y las objeciones planteadas.
- *Lingüística:* es una ciencia que estudia las lenguas, los sonidos, las palabras y la sintaxis. Aborda el uso correcto del lenguaje, analiza cómo expresarse y redactar con claridad y con propiedad, y pronunciar y articular adecuadamente los sonidos. Estudia sus diversos componentes, *fonético* —sonidos—, *fonológico* —fonemas—, *morfológico* —formación de palabras—, *sintáctico* —relaciones entre las palabras en la oración y la frase—, *léxico* —términos y voces— y *semántico* —significado de las palabras.
- *Gramática:* la palabra es la herramienta básica del discurso. La gramática es una rama de la lingüística que analiza las palabras, su forma y composición, así como sus interrelaciones dentro de las oraciones y las frases.
- *Semiología o Semiótica:* es la ciencia de los signos, distinguiendo en éstos su significante —la expresión escrita— y su significado —lo que representan en realidad—. Vincula los procesos de comunicación a los procesos culturales, analizando de qué modo diversos factores matizan el contenido literal de un mensaje.
- *Poética:* el discurso poético tiene una disposición rítmica y una organización métrica. El componente poético de la oratoria no es importante sólo por la búsqueda de la estética, sino por su verdadero poder de influencia en las ideas, las emociones, las actitudes y la conducta de los oyentes. La poética se centra en el estudio de los principios, los conceptos y los procedimientos literarios, profundizando en el poder persuasivo de la palabra.

Oratoria y otras disciplinas

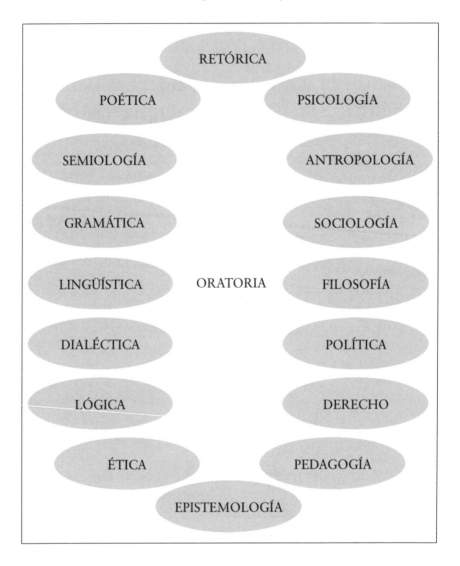

2

CONTEXTO Y OBJETIVOS
QUIÉN, QUÉ, POR QUÉ, CÓMO, DÓNDE, CUÁNDO

«No hay ningún viento favorable para el que no sabe a qué puerto se dirige.»

ARTHUR SCHOPENHAUER

EL CONTEXTO DEL DISCURSO

El éxito de una exposición en público depende en gran medida del conocimiento que tengamos de todo un conjunto de elementos y variables, y de nuestra capacidad de adaptación a las mismas. Antes de nada debemos conocer el contexto en que se va a desarrollar el discurso, y ser capaces de dar respuesta al menos a siete preguntas básicas:

Quién:	quién habla.
Qué:	de qué se habla, qué contenido aborda.
Por qué:	cuál es el objetivo o finalidad, para qué se habla.
Cómo:	de qué manera, con qué medios.
A quién:	a qué público se dirige.
Dónde:	en qué lugar se habla.
Cuándo:	en qué momento se habla.

Conviene que analicemos detenidamente los principales *aspectos* del contexto de la presentación, y demos respuesta a algunas cuestiones:

- ¿En qué *circunstancias* concretas se enmarca nuestra intervención?
- ¿Qué *objetivo* pretendemos alcanzar con nuestra presentación? ¿Formar, informar, convencer, vender, entretener?
- ¿A *quién* va dirigida? ¿Cuál es el *perfil,* las características y necesidades de la audiencia?
- ¿*Cuántas* personas se prevé que asistirán?
- ¿De qué *tiempo* disponemos para realizar la presentación?
- ¿En qué *fecha* se realiza? ¿Qué *día* de la semana? ¿A qué *hora* del día?
- ¿*Dónde* se va a desarrollar la intervención? ¿En un salón de actos, un aula, una sala de reuniones?
- ¿Qué características y condiciones reúne el *lugar*?
- ¿Qué *apoyos audiovisuales* están disponibles y vamos a utilizar? ¿Pizarra, cañón de proyección, retroproyector, micrófono?
- ¿Cuál es nuestra *competencia*, conocimientos y experiencia sobre el tema a exponer?
- ¿Cuántos *oradores* van a intervenir?
- ¿Qué posición ocupamos nosotros en el orden de *intervención*?
- ¿Qué método de *presentación* es más adecuado?
- ¿Vamos a utilizar *anotaciones*, un guión de contenidos, el texto de la ponencia?
- ¿Qué *material* se va a distribuir? ¿Alguna documentación complementaria, el texto de la presentación, un resumen, una copia de las transparencias, un informe?
- ¿Cuándo y de qué forma se va a *distribuir* el material?
- ¿Qué *otros aspectos* pueden requerir especial atención?

En este capítulo vamos a delimitar y a describir los objetivos más generales que se persiguen con la oratoria, y las funciones básicas del discurso. Finalmente se analizan las disposiciones más frecuentes de distribución del espacio físico en el que se desarrolla la presentación. En capítulos posteriores nos detendremos a profundizar en las posibilidades que ofrecen los diferentes métodos de presentación, así como en las características del orador y la audiencia.

OBJETIVOS DE LA ORATORIA

El orador persigue en mayor o menor medida alcanzar con su discurso una serie de objetivos básicos. Debe conseguir que su audiencia:

1. *Escuche* sus palabras.
2. Preste *atención* a su discurso.
3. *Comprenda* los términos y expresiones que utiliza.
4. *Se interese* por el tema y por sus contenidos.
5. *Valore* adecuadamente su ideas.
6. *Comparta* sus propuestas.
7. Apruebe, *acepte* y se adhiera a sus conclusiones.
8. *Recuerde* los conceptos y los puntos clave.
9. *Asimile* e incorpore sus contenidos y su mensaje.
10. *Cambie* su forma de pensar, sus valores y su conducta.

Secuencia de los diez objetivos de la oratoria

Lograr que la audiencia:

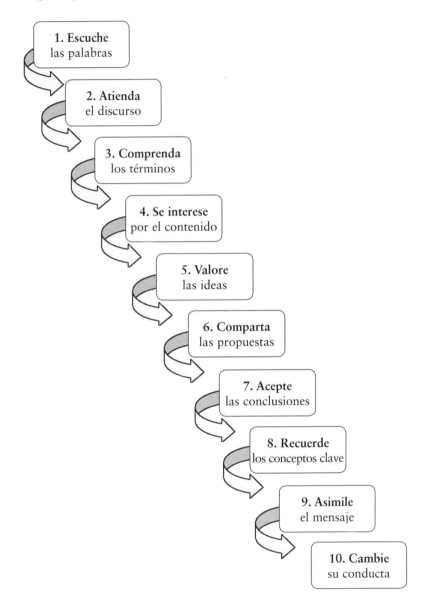

1. Escuche
las palabras

2. Atienda
el discurso

3. Comprenda
los términos

4. Se interese
por el contenido

5. Valore
las ideas

6. Comparta
las propuestas

7. Acepte
las conclusiones

8. Recuerde
los conceptos clave

9. Asimile
el mensaje

10. Cambie
su conducta

El logro de cada uno de los objetivos expuestos precisa de estrategias específicas, por ejemplo:

- Pronunciación clara y volumen de voz adecuado, para ser escuchado.
- Variedad en los contenidos y en la forma, para captar la atención.
- Adecuación del vocabulario, claridad en la explicación, para ser comprendido.
- Motivación del ponente, conexión con los intereses de la audiencia, para captar el interés.
- Contraste de ideas, establecimiento de pautas y criterios, para que se valoren los contenidos.
- Tratamiento de objeciones, búsqueda de vínculos y puntos comunes, para compartir las ideas.
- Argumentación sólida, y conclusiones irrefutables, para lograr la aceptación.
- Repetición de conceptos importantes, utilización de apoyos visuales y ejemplos para facilitar el recuerdo.
- Estructuración, argumentación y dosificación, para que se pueda digerir, aprehender y metabolizar los contenidos.
- Coherencia entre pensar, sentir, decir y actuar, para convencer y mover a la acción.

Así pues, en sintesís, un buen orador logrará que su mensaje sea:

- Percibido, recibido adecuadamente.
- Comprendido, entendido.
- Valorado, contrastado.
- Memorizado, retenido, fijado.
- Asimilado, incorporado, interiorizado.
- Recordado, evocado.
- Utilizado, aplicado.

FUNCIONES BÁSICAS DEL DISCURSO

Podemos hacer una distinción entre tres funciones básicas que puede cumplir el discurso:

- *Didáctica:* enseñar, formar, exponer, presentar, mostrar, demostrar, evidenciar, argumentar, ilustrar, explicar de manera razonada.
- *Estratégica:* persuadir, convencer, influir, impulsar, movilizar, fascinar, apelando de un modo especial a las emociones.
- *Estética:* deleitar, crear belleza, agradar, complacer, amenizar, distraer, divertir, recrear, prestando especial atención a la forma, utilizando la imaginación y la creatividad.

Funciones del discurso

FUNCIÓN BÁSICA	SOPORTE TEÓRICO	PROCESO MENTAL	OBJETIVOS
DIDÁCTICA	Dialéctica	Razón	Exponer Demostrar Argumentar
ESTRATÉGICA	Retórica	Emoción	Persuadir Convencer Influir
ESTÉTICA	Poética	Imaginación	Deleitar Complacer Recrear

Además de estas funciones básicas que son las que habitualmente marcan las directrices generales de los discursos, los **objetivos específicos** que se puede plantear cualquier presentación pueden ser muy diversos.

Exponemos a continuación algunas definiciones, matices y aproximaciones terminológicas referidas a los diferentes objetivos que puede perseguir un discurso:

- *Comunicar:* hacer partícipe de algo a nuestro interlocutor, manifestarle algo. La comunicación es el objetivo principal de la oratoria. Supone un intercambio, una transmisión de valores, sentimientos, contenidos.
- *Expresar:* manifestar con palabras, miradas y gestos, aquello que queremos dar a entender. De forma involuntaria también expresamos nuestras creencias, actitudes o sentimientos. Cuando hablamos dejamos ver de múltiples formas nuestra cultura, nuestra mentalidad y nuestra forma de ser y de vivir.
- *Explicar:* manifestar, decir o declarar la propia opinión, exponer alguna materia, hacerla entender.
- *Entretener:* distraer, hacer más ameno o llevadero algún aspecto, divertir, recrear el ánimo.
- *Motivar:* despertar el deseo, poner de relieve una necesidad, dar razones, ofrecer causas y motivos para animar, impulsar y mover a la acción.
- *Sensibilizar:* hacer aflorar la sensibilidad, las emociones y los sentimientos en el oyente —tocando su fibra sensible, sus afectos, sus sentimientos— respecto de algún hecho, objeto o persona, fomentando valores éticos y morales y actitudes concretas. Hacer tomar conciencia.
- *Emocionar:* mover la pasión, el afecto o el sentimiento, causando o despertando una determinada emoción.
- *Conmover:* sensibilizar de forma especialmente intensa y precisa, afectando a las emociones, al punto de causar un impacto tal que logra mover a la persona a realizar una acción concreta.
- *Formar:* capacitar, adiestrar, educar, procurar conocimientos y desarrollar habilidades concretas, no sólo aportando información y transmitiendo conocimientos teóricos y habi-

lidades, sino modificando la mentalidad, las actitudes, los comportamientos.

- *Informar:* dar noticia de algo, hacer saber, ofrecer y aportar datos.
- *Presentar:* dar a conocer al público una persona, una temática o una cosa; introducir, anunciar o comentar.
- *Exponer:* presentar algún tema o asunto, ponerlo de manifiesto, desarrollarlo.
- *Demostrar:* manifestar y declarar algo, mostrando y dando prueba de lo que se dice.
- *Argumentar:* probar la validez de nuestras propuestas a partir de los argumentos, poner en claro, aducir y alegar.
- *Convencer:* incitar y mover al oyente de forma razonada para que cambie su opinión, su comportamiento o su dictamen previo, normalmente en contra, de modo que acepte nuestras propuestas. Probar racionalmente una cosa de modo que no sea posible negarla.
- *Responsabilizar:* atribuir responsabilidad, implicar.
- *Movilizar:* mover a la acción, convocar, alterar el equilibrio previo para llevar a las personas en una nueva dirección.
- *Persuadir:* influir sobre el oyente, inducirle, conformar su pensamiento y moverle con razones a creer en alguna idea o a hacer algo. Implica de modo más directo el ámbito emocional.
- *Disuadir:* influir sobre el oyente para llevarle a alejarse o apartarse de una opinión previa que tenía, a desistir de su propósito, o a modificar determinadas actitudes y comportamientos.
- *Vender:* exponer u ofrecer ideas o cosas para que sean adquiridas o compradas, proponer o persuadir de la bondad o utilidad de una cosa.
- *Rebatir:* rechazar, contrarrestar, impugnar y refutar con argumentos las tesis y razonamientos del contrario, normalmente dejando en evidencia su inutilidad, falsedad o incon-

sistencia, o el posible perjuicio que se puede derivar de sus propuestas.

¿Qué objetivo persigue nuestro discurso?

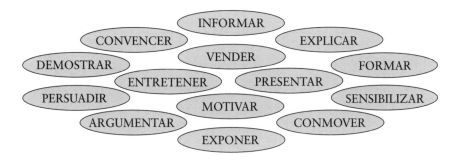

EL ENTORNO FÍSICO

Las diversas posibilidades de utilización del espacio en la sala donde se realiza la presentación permite dar a la charla un carácter más formal y unidireccional, o más informal y participativo. Las alternativas más usuales que se suelen barajar son las siguientes:

> • Aula.
> • Salón de actos-Teatro.
> • Anfiteatro-Foro.
> • Forma de U-Semicírculo.
> • Mesa redonda.
> • Grupos de trabajo.

Aula

La presentación suele ser formal, con predominio de la intervención unidireccional ponente-audiencia.

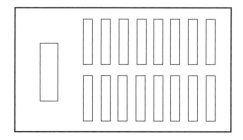

Salón de actos-Teatro

Es una disposición formal, donde hay mayor distancia entre el ponente y su audiencia. Permite un gran aforo, limita la participación y suele requerir la utilización de micrófono.

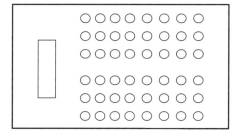

Anfiteatro-Foro

De características bastante similares a la disposición tipo teatro. El auditorio rodea en semicírculos concéntricos al ponente. Según el número de asistentes puede permitir una cierta interacción entre los participantes. El orador debe tener especial cuidado

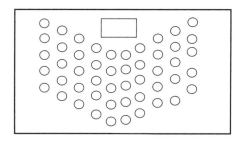

para dirigirse a las diferentes sectores, evitando dejar zonas desatendidas.

Forma de U-Semicírculo

Es una disposición ampliamente utilizada en sesiones de formación. Permite ponencias más informales, con una mayor interacción tanto del ponente con la audiencia como entre los propios participantes. La distancia tanto física como psicológica se ve acortada con esta disposición, con lo que se puede evitar el uso de micrófono. El aforo suele ser reducido, no superando en general las veinte personas.

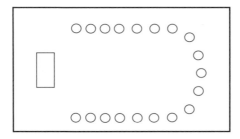

Mesa redonda

Disposición muy similar a la anterior, para sesiones de trabajo o reuniones de equipo.

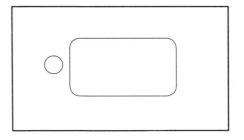

Grupos de trabajo

Está especialmente indicado para un aforo de ciertas dimensiones que puede dividirse en varios grupos de trabajo, cada uno de los cuales expone sus conclusiones. Esta disposición fomenta la participación grupal y facilita el trabajo en equipo.

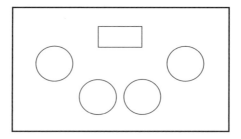

3

MÉTODOS DE PRESENTACIÓN
LA ESTRATEGIA

*«El secreto de aburrir a la gente
consiste en decirlo todo.»*

VOLTAIRE

LOS MÉTODOS DE PRESENTACIÓN

Las *situaciones* en las que podemos realizar presentaciones en público son muy diversas:

- Presentación de un *proyecto*, un *trabajo*, un *informe*.
- *Examen* oral.
- Defensa de una *tesis* o *proyecto fin de carrera*.
- *Conferencia* o charla coloquio.
- *Debate*.
- *Mesa redonda*.
- Sesión de *formación*.
- Presentación de un *producto*.
- Ponencias o comunicaciones en *congresos, simposios, jornadas*.
- Actos de *conmemoración* específicos: aniversarios, homenajes, entregas de premios, inauguraciones o clausuras.

Cada una de ellas requiere un modo específico de afrontar y preparar la exposición. Los iremos desgranando al analizar los diferentes tipos de discurso que se exponen en la última parte del capítulo.

A la hora de realizar una presentación contamos básicamente con las siguientes *opciones*:

> - *Improvisación* total.
> - «Improvisación» *preparada*.
> - *Memorización* de un texto.
> - *Lectura* de un texto.

1. Improvisación total

En la *improvisación* total se realiza la presentación sin una preparación previa. En general, la improvisación no debe tener cabida salvo si surgen imprevistos, o en determinadas ocasiones que obliguen a ello. Quedará reservada para oradores expertos y grandes conocedores del tema objeto de la ponencia. Un orador experimentado sabrá sacar partido incluso de unas condiciones adversas. Una actitud positiva nos ayuda sin duda a reaccionar ante cualquier imprevisto, aprovechando para ponerlo al servicio de nuestro discurso.

Hay un valioso *ejercicio* de agilidad mental que pone a prueba nuestra habilidad y rapidez, y que nos ayuda a detectar nuestras posibilidades de mejora como oradores. Consiste en realizar, a modo de ensayo particular, una improvisación sobre algún tema. Abrimos un periódico, por ejemplo, marcamos una página al azar, y sin lectura previa comenzamos a hablar durante cinco minutos sobre el tema en concreto que figura en el titular.

La grabación en *vídeo* de la presentación nos permite visualizarla y analizarla posteriormente, y descubrir así algunas de nuestras especiales cualidades o limitaciones como oradores. Improvisando suelen aparecer los principales errores de comunicación: empleo de muletillas, repetición habitual de palabras, tics, movimientos y gestos inadecuados, excesiva precipitación, etc.

La experiencia de improvisar nos habrá servido para comprobar la relativa eficacia y la especial dificultad que ofrece una de las diversas posibilidades de que disponemos para realizar la presentación. Lógicamente es un método poco utilizado.

2. Improvisación preparada

En la improvisación *preparada* se toma como referencia un guión o esquema memorizado previamente, que se desarrolla durante la exposición con naturalidad, utilizando las palabras que surgen en el momento del discurso, aun cuando se hayan ensayado previamente.

Paradójicamente, cuanto más preparado está el discurso más margen de maniobra tendría el ponente para improvisar e introducir cambios sobre la marcha.

Las estrategias para desarrollar este método de presentación, que resulta uno de los más utilizados y eficaces, se van desarrollando con especial atención en el contenido de los diferentes capítulos del libro.

3. Memorización de un texto

La *memorización* de un texto y su reproducción exacta durante el discurso presenta algunas limitaciones. Relatar el contenido de carrerilla impide adaptarse al auditorio, deja al orador expuesto a posibles fallos de memoria y puede resultar poco natural. Como ventaja cabe destacar que nos ofrece la posibilidad de seleccionar y decidir previamente el contenido exacto de la disertación.

Una fase especialmente importante en la preparación de los discursos es la memorización, generalmente de la estructura general, y de las partes principales o más complejas del contenido. La memorización no es un proceso estricto de retención literal de las palabras, sino más bien un proceso de encaje, de interiorización, de aprendizaje del discurso en su conjunto. Podríamos hablar de una auténtica asimilación del mismo. La retención mecánica de las palabras puede resultar, en sí misma, prácticamente inútil. Es necesaria una identificación con los postulados, la creencia en las ideas expuestas.

4. Lectura de un texto

Cuando se desea realizar la presentación a partir de la *lectura* de un texto hay que cuidar varios aspectos, desde la redacción del mismo, en un estilo directo que dé la sensación de un discurso hablado, hasta los aspectos formales como la calidad de impresión del mismo, con letras claras y de tamaño suficiente para facilitar su lectura.

Veamos algunos consejos en este sentido:

- Utilizar folios Din A4, por una sola cara, a doble espacio, con márgenes amplios.
- Emplear letra de imprenta, de fácil lectura.
- Utilizar un «estilo hablado».
- Releer el discurso varias veces y efectuar las correcciones necesarias.
- Marcar los lugares idóneos para hacer pausas, plantear una pregunta o reflexión, introducir algún matiz.
- Colocar los folios sobre la mesa si se dispone de ella; evitar juguetear con ellos, o retorcerlos entre las manos.
- No grapar los folios. Deslizarlos sobre la mesa, sin necesidad de darles la vuelta.
- Evitar dividir o partir las frases o párrafos en hojas diferentes.
- Levantar la vista frecuentemente, aprovechando especialmente las últimas palabras de cada frase.
- Aprovechar los momentos en que se mira a la audiencia para enfatizar el contenido.
- Modificar, si es preciso, parte del contenido sobre la marcha, para adaptarlo a la audiencia.

La lectura, como método de presentación, puede resultar fría y demasiado rígida. Sin embargo, puede ser adecuada para presentar informes técnicos o muy detallados, o cuando se desea medir con precisión cada palabra del discurso. También es necesaria para citar textos o párrafos literales de un autor.

Las palabras en sí mismas no son elocuentes. No podemos limitarnos a leer el discurso sin más. La elocuencia depende de la forma en que nos expresamos, de nuestra entonación, nuestra figura y nuestros gestos. La oratoria es acción, es una «representación teatral» con todos sus elementos: protagonista, escenario, decorado, acústica, iluminación, guión, público, vestuario...

De las cuatro alternativas presentadas vale la pena destacar la improvisación preparada como especialmente indicada y muy frecuentemente utilizada. Ofrece grandes posibilidades al aunar dos condiciones valiosas en la oratoria: la preparación, por una parte, y la naturalidad y flexibilidad en la exposición por otra.

PRESENTACIONES FORMALES E INFORMALES

Las presentaciones pueden ser más o menos formales en función de variables como el método de presentación seleccionado, el tipo de interacción que se establece con la audiencia o la disposición del espacio físico de la sala, tal y como veíamos al hablar del contexto.

A continuación vemos una serie de aspectos que pueden incrementarse o reducirse, o que estarán más o menos presentes según tenga la presentación un carácter más formal o más informal:

	FORMAL	INFORMAL
Estructuración del guión	+	−
Tamaño del grupo	+	−
Seguimiento, *feedback*	−	+
Participación	−	+
Control del tiempo	+	−
Orador experto en formación	−	+
Orador experto en el contenido	−	+

Una *presentación formal* puede seguir rigurosamente un guión muy estructurado, realizarse con un grupo muy numeroso de personas del que se podrá efectuar un escaso seguimiento y cuya participación será escasa. El control de la duración de la ponencia puede ser mucho mayor. El orador no tendrá necesariamente que ser especialmente experto en el manejo de grupos.

Aunque en general suele ser necesario que el ponente de una presentación formal sea competente en el contenido de la exposición, puede no ser un experto. La limitada participación de la audiencia, con la consiguiente reducción de preguntas e intervenciones, y la buena preparación del contenido de su exposición pueden proporcionar la apariencia de que el orador es muy experto aun cuando de hecho no lo sea.

Estas características que acabamos de mencionar normalmente se invierten en el caso de la *presentación informal*.

DIFERENTES TIPOS DE DISCURSOS

Podemos clasificar los diferentes tipos de discursos atendiendo a diferentes criterios: diseño, objetivo y contenido.

Cada tipo de intervención tiene unas características propias, y requiere también de un lenguaje, una técnica y unos recursos propios.

• **Discursos según el diseño o formato utilizado:**

CRITERIO	TIPO DE DISCURSO
Diseño	— Conferencia
	— Charla-coloquio
	— Mesa redonda
	— Debate
	— Tertulia
	— Función de moderador

- Conferencia: intervención de un solo orador que realiza una exposición y presentación formal de los contenidos.
- Charla-coloquio: intervención individual con un mayor margen para la participación de la audiencia, que se produce generalmente al final de la exposición.
- Mesa redonda: varios oradores exponen sus ideas y dialogan entre sí. Busca variedad, diversidad, pluralidad, complementariedad en las perspectivas y dinamismo en las intervenciones.
- Debate: discusión de dos o más oradores, presentando diferentes puntos de vista sobre un tema para llegar a unas conclusiones comunes, o bien a la derrota de la postura contraria.
- Tertulia: carácter más informal, conversacional, espontáneo y ágil. Normalmente aborda temas de actualidad.
- Funciones de moderador: en este apartado cabe destacar algunos tipos especiales de intervenciones, encaminadas a la apertura, la moderación y la clausura de actos diversos.

  1. *Apertura* de un acto y *presentación* de los ponentes: debe ser breve, atractiva, y ubicar al oyente en el marco en que se desarrolla el acto. Se pueden emplear recursos eficaces como la anécdota oportuna, o la mención breve de una noticia de actualidad. La presentación breve de un orador requiere del conocimiento y selección de alguna cualidad especialmente significativa de éste, que justifique su presencia y aporte fiabilidad y consistencia a su discurso, para que sea recibido adecuadamente y aceptado.
  2. *Moderación* de un debate y de la intervención y preguntas de los oyentes: la función de moderación tiene que ver con el cumplimiento de aspectos formales —orden del día, orden de intervenciones, dar y retirar la palabra, duración, cumplimiento del reglamento, respeto de las normas básicas de cortesía y educa-

ción—. Su papel no es el de aportar contenidos, monopolizar el acto o erigirse en juez, valorando o interpretando los discursos de los ponentes. Requiere más bien del conocimiento de las normas, pero sobre todo de habilidad social para interpretarlas y aplicarlas con flexibilidad y oportunidad en el contexto preciso del debate, de modo que, sin coartar de forma autoritaria, se facilite un cierto orden a la vez que un necesario grado de espontaneidad.

3. *Conclusiones y clausura* de un acto: incluye un breve resumen del contenido del mismo, destaca las ideas principales, los resultados o las conclusiones, agradece a los ponentes su participación y sus intervenciones, y a los oyentes su asistencia. En algún caso se puede hacer mención del lugar, fecha y hora de una futura convocatoria prevista. Concluye habitualmente con la despedida y la manifestación de deseos positivos para la audiencia.

- **Discursos según su objetivo:**

CRITERIO	TIPO DE DISCURSO
Objetivo	— Explicar-Enseñar
	— Persuadir
	— Entretener
	— Celebrar

Los principales objetivos de un discurso son la enseñanza, la persuasión, el entretenimiento y la celebración. Cualquier disertación suele tener efectos en diferentes ámbitos:

- **Intelectual:** Ideas, forma de pensar.
- **Emocional:** Sentimientos, emociones.
- **Actitudinal:** Actitudes, principios, valores.
- **Conductual:** Comportamientos, conducta.

- **Explicar-Enseñar:** Profesores, docentes, maestros, formadores, transmiten a sus alumnos sus conocimientos, les enseñan estrategias, desarrollan sus habilidades, les acercan la realidad, les ayudan a interpretarla, les animan a mejorarla.

  La función docente implica toda una serie de actividades:

  — Definir los objetivos didácticos en términos de conocimientos, habilidades y actitudes.
  — Investigar, seleccionar los contenidos.
  — Estructurar la información.
  — Motivar y estimular el aprendizaje.
  — Movilizar al alumno para que esté activo y participe.
  — Evaluar la formación.

  La eficacia en la docencia depende en gran medida del desarrollo de la capacidad pedagógica del docente, del grado de conocimiento previo que posee, de los conocimientos, habilidades y actitudes de los alumnos, y de la capacidad de adaptarse a ellos.

- **Persuadir:** se trata aquí de movilizar los sentimientos de un modo especial, para lograr cambiar actitudes y conductas. El discurso ideológico, básicamente político o ético, o la argumentación judicial, son ejemplos de discursos persuasivos.

  Este tipo de intervenciones fundamenta su estrategia en tres pilares básicos:

  — *El orador:* su sinceridad, la confianza que transmite, su coherencia, su prestigio.
  — *Los argumentos:* la evidencia, la claridad y adecuada estructuración, su solidez, peso y validez, su sencillez y contundencia.
  — *Las emociones:* la capacidad para despertar sensaciones y emociones en los oyentes apelando a princi-

pios, valores y experiencias, haciendo uso también de determinados recursos expresivos.

• **Entretener:** el objetivo del discurso puede ser distraer, entretener o divertir al oyente. El orador puede hacer viajar la mente y la imaginación de la audiencia en el espacio y en el tiempo. Puede recurrir a relatos reales o de ficción, fábulas, cuentos, historias, anécdotas o chistes.

Cuando se trata de entretener con el discurso, el orador tiene que procurar:

— *Conectar con la experiencia vital* de los oyentes, con sus anhelos, miedos, sueños, deseos.
— *Conocer los resortes emocionales*, el uso de los «detonadores» de las emociones —la risa, el llanto, la ira, el amor, el miedo.
— *Conseguir la vivencia en los oyentes* de aquello que está narrando, incluyendo detalles, descripciones precisas, dotándola de realismo, veracidad, credibilidad.

• **Celebrar:** los discursos pueden ir dirigidos o acompañando a la celebración de determinados acontecimientos, referidos principalmente a personas, instituciones, fechas o ideas, que sirven de nexo, de punto de unión del grupo.

Veamos algunos ejemplos:

— La *apertura del año académico* requiere de un discurso o lección inaugural. En un tono de cierta solemnidad se expone algún tema de interés en un lenguaje científico a la vez que accesible y pedagógico.
— El *homenaje a una persona,* en el que se mencionan aspectos destacados de su carácter, sus cualidades o vivencias, rasgos descriptivos significativos, representativos o especiales. Se produce ante un acontecimiento excepcional, un aniversario, el recuerdo de

una persona fallecida, un homenaje al líder, al amigo, al héroe, al compañero.

— El *pregón de las fiestas* marca el comienzo de las mismas, y debe aludir a los símbolos compartidos de identificación común, y, en un tono distendido, emotivo, amable y alegre, debe animar a la participación y a la diversión.

— El *mitin* reúne a los incondicionales, militantes, miembros y afines a una opción política. Es una oportunidad para destacar aquellas ideas, mensajes, consignas y valores que se comparten, que van a servir de guía o de estandarte, o para realzar y fortalecer la figura del líder. El momento y la circunstancia es lo que realmente marca el contenido del mismo, así como el enfoque que debe recibir. Es notable la diferencia entre este tipo de discurso durante la campaña electoral o fuera de ella.

• **Discursos según el contenido:**

CRITERIO	TIPO DE DISCURSO
Contenido	— Descriptivo
	— Narrativo
	— Expositivo
	— Argumentativo

• **Descriptivo:** la descripción supone una representación de personas o cosas mediante el uso del lenguaje, dibujándolas, perfilándolas, representándolas, de manera que los oyentes puedan captarlas y elaborar en sus mentes una imagen precisa. En ocasiones la descripción es una definición imprecisa, con la que tan sólo se pretende ofrecer una idea general del tema objeto de la descripción, mencionando únicamente las partes o propiedades más destacadas.

- **Narrativo:** la narración suele abordar, referir y contar determinados sucesos, hechos o acontecimientos.
- **Expositivo:** a través del lenguaje podemos presentar y dar explicación de un tema o de un asunto. La exposición aporta datos o informaciones relevantes para entender los antecedentes, los motivos, las causas. Un discurso expositivo declara, interpreta, explica el sentido, pone de manifiesto y da a conocer.
- **Argumentativo:** el discurso argumentativo pretende probar, descubrir, argüir, sacar en claro. Durante el mismo, se alegan, aducen o proponen argumentos. Puede ir dirigido a la defensa de una determinada postura, o bien a la discusión, disputa o impugnación de las opiniones contrarias o de las ideas opuestas. En general se suelen perseguir ambos objetivos durante la disertación.

En ocasiones se entremezclan los contenidos, y un discurso puede ser a la vez descriptivo y narrativo, o exponer un tema inicialmente para argumentar posteriormente.

4

PONENTE Y PÚBLICO
EMPATÍA, SENSIBILIDAD, SINCERIDAD, ENTUSIASMO...

«A veces el silencio también es una opinión.»

Anónimo

EL ORADOR

Nacemos con ciertas *destrezas, cualidades y aptitudes* para la oratoria, pero su desarrollo posterior, la adquisición de nuevas habilidades, el perfeccionamiento de aquellas de las que se dispone, requiere de un proceso de aprendizaje.

El *análisis crítico* de otros oradores y la autocrítica nos permite aprender, por un lado, de los modelos con los que nos identificamos y de los errores que observamos, y por otro, de nuestro propio desempeño, nuestros éxitos y fracasos. Vemos con frecuencia oradores elocuentes, pero también ponentes soporíferos y discursos inaguantables, de los que debemos aprender qué es lo que no se debe hacer en un discurso.

La experiencia oratoria es, en sentido estricto, algo *único, personal, inimitable e irrepetible*. Aprendemos a hablar en público con la *práctica*, pero ésta, por sí misma, no nos permite conocer y rectificar los errores. A veces puede incluso contribuir a que los repitamos una y otra vez, hasta quedar anclados e integrados como algo normal en nuestra propia estrategia oratoria.

El orador debe ser un *analista*, un receptor sagaz, un interlocutor respetuoso. De algún modo debe ser también un filósofo, un humanista, un sociólogo y un psicólogo, que se observa, se autoanaliza y se conoce a sí mismo, y a la vez observa, participa y experimenta la realidad, e interpreta la vida. Debe conocer al ser humano y analizar su realidad personal, social, cultural, histórica, política, ética, estética.

Finalmente, el orador debe ser un «*trabajador de la oratoria*», en el sentido más positivo de la palabra. Debe recibir formación, adquirir conocimientos y habilidades, elaborar cuidadosamente el discurso, sabiendo que la eficacia del mismo dependerá, de forma muy importante, de su adecuada *preparación* y de su dedicación.

El orador representa un papel. Sale a escena encarnando un *personaje*. En su actuación interviene su persona en su totalidad, íntegramente. Queda al descubierto su forma de ser, su coherencia ética, su experiencia, su conducta.

La tribuna, la cátedra, el púlpito, el escaño, el micrófono, la pantalla... todo ese escenario coloca al orador en el punto de mira. Es el foco de atención. Sus cualidades y defectos quedan amplificados, como si entre él y la audiencia hubiesen colocado una gigantesca lupa, una lente de precisión que descubre su personalidad al completo, su conocimiento y dominio del tema, sus hábitos, sus valores, sus complejos, sus anhelos.

> El orador debe ser un analista, un receptor sagaz, un interlocutor respetuoso. De algún modo debe ser también un filósofo, un humanista, un sociólogo y un psicólogo, que se observa, se autoanaliza y se conoce a sí mismo, y a la vez observa, participa y experimenta la realidad, e interpreta la vida. Debe conocer al ser humano y analizar su realidad personal, social, cultural, histórica, política, ética, estética.

ORADORES HABITUALES

Aunque todas las personas, en un momento u otro de sus vidas, deben expresarse en público, hay algunos profesionales —*docentes, científicos, políticos, directivos, juristas, sacerdotes, periodistas, artistas, comerciales*— que utilizan la expresión oral como herramienta de trabajo.

Docentes

El profesor debe conocer bien los contenidos que imparte, pero también dominar determinadas técnicas de expresión; debe saber cómo impartir su formación de forma adecuada, cómo estructurar los contenidos, hacerse entender, captar la atención, motivar y entusiasmar. Además de saber, el docente debe saber enseñar. Los conocimientos científicos, pedagógicos y retóricos se ponen así al servicio del aprendizaje del discente.

Científicos

Un congreso científico, por ejemplo, reúne a un conjunto de expertos, y precisa de la utilización de un lenguaje especial, una estrategia adecuada para poder comunicar las teorías, las hipótesis, los procedimientos, los hallazgos, el curso y los resultados de las investigaciones. La comunicación debe ser precisa, y se debe tener un conocimiento y dominio preciso del lenguaje científico, pero a la vez ser capaz de hacerse entender por la sociedad, adaptando a ella su vocabulario, de modo que los legos en la materia puedan entender, por ejemplo, la relevancia y repercusiones de los resultados de una investigación.

Políticos

La palabra de los políticos se convierte en la expresión y la representación de la voz de los ciudadanos. El mitin, el debate parlamentario, la ponencia en el congreso del partido, las entrevistas y declaraciones en los medios de comunicación, son actos que se repiten con cierta frecuencia y que requieren un importante despliegue de habilidades oratorias. Una palabra a destiempo, un gesto poco creíble, un micrófono que continúa abierto una vez terminadas las declaraciones, pueden dar al traste con una imagen forjada durante mucho tiempo.

Directivos

La complejidad de la función directiva requiere del conocimiento y de la aplicación de estrategias de comunicación: realizar presentaciones, dirigir equipos, negociar, motivar, transmitir entusiasmo y convicción, son sólo algunas de sus actividades y objetivos. El discurso del directivo es de algún modo una medida y una proyección de la imagen de la organización.

Juristas

Además del conocimiento de las leyes y de su adecuada interpretación y aplicación, el jurista debe persuadir y convencer, debe ser capaz de construir una argumentación sólida y coherente, saber preguntar y responder para poder defender su postura y replicar a los argumentos en contra.

Sacerdotes

Conocer, interpretar y saber explicar las cuestiones éticas, morales, religiosas, y ser capaces de adaptar los contenidos a la sociedad, a las culturas, a las inquietudes requiere con frecuencia no sólo de una sensibilidad especial, sino de una constante renovación de los mensajes para actualizarlos, acercarlos a cada comunidad y revitalizarlos.

Periodistas

Periodistas y locutores deben trasmitir contenidos e informaciones con claridad y precisión. La selección de las palabras e imágenes adecuadas, la estructuración de los contenidos, el modo de expresarlos, todo ello crea en la mente del oyente una realidad.

Constantemente se está poniendo a prueba su capacidad de síntesis y de expresión.

Artistas

Gran parte de la popularidad de los artistas tiene su origen en el conocimiento que de ellos tiene el público. No se trata sólo de su obra, sino que influye también su forma de presentarla, la imagen que ofrecen de su personalidad, sus declaraciones a la prensa, sus intervenciones en medios de comunicación, sus palabras a la hora de recoger un premio o de participar en diversos actos públicos.

Comerciales

La función comercial, el marketing, la publicidad, exigen el conocimiento de los más variados resortes y estrategias de comunicación. El conocimiento de la audiencia, que son los potenciales clientes, y de sus más profundos anhelos y deseos, así como el dominio de la imagen y de la palabra, se ponen aquí al servicio de la persuasión.

CARACTERÍSTICAS PERSONALES DEL ORADOR

El orador proyecta en su discurso tanto su dimensión *profesional* como *personal*. Por una parte está el docente, el abogado, el político, el sacerdote, el directivo, representando su papel, desempeñando su función. En esa faceta se pone de relieve su conocimiento de la materia, su experiencia y competencia. Pero también tenemos acceso a conocer su personalidad, su carácter, sus actitudes y comportamientos, y a comprobar la coherencia de éstos con su discurso.

El ponente es indudablemente la figura central del discurso, y por ello debe:

• *Entregarse* plenamente al discurso y a la audiencia.

- *Adquirir formación y experiencia* para poder ofrecerlas a quienes le escuchan.
- Guardar un *equilibrio* entre razón y emoción.

El *carisma personal* propio del orador y la afinidad y la *química* que logra establecer con el público resultan elementos definitivos en el resultado final de una presentación.

El *orador* es el motor que mueve la presentación. Si está sereno, el público se sentirá tranquilo. Si está moviéndose nervioso y desplazándose inquieto, la audiencia se verá también contagiada de su intranquilidad.

Además del estado de ánimo relajado y seguro, algunas cualidades y características personales del ponente resultan especialmente valiosas en la oratoria:

- *Habilidad social.*
- *Empatía.*
- *Tacto.*
- *Respeto.*
- *Sensibilidad.*
- *Equilibrio.*
- *Diplomacia.*
- *Simpatía.*
- *Sinceridad.*

Aristóteles sintetizaba las cualidades que debe reunir el orador en tres: «*Prudencia, virtud y benevolencia*».

Actualizando y ampliando esta idea, podemos destacar cinco cualidades que describen con bastante precisión a un gran orador, y que, en definitiva podrían sintetizar las claves de la oratoria:

- *Competencia:* conocimiento y experiencia.
- *Comunicabilidad:* dominio de la comunicación verbal y no verbal.
- *Confianza:* honestidad y sinceridad.

- *Convicción:* seguridad en sí mismo, convencimiento respecto a su mensaje.
- *Cercanía:* sencillez, empatía, simpatía.

Claves de la oratoria

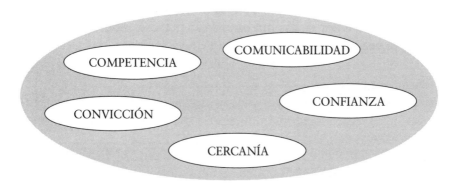

Jugando con la letra «c» inicial podriamos añadir calma, creatividad, concentración...

Capacidad para comunicar

Si la vista y el oído son dos sentidos esenciales para recibir información, el *tacto*, empleando lógicamente el doble sentido del término, es esencial en la oratoria. Una expresión habitual del *tipo* «*como todos ustedes saben...*» puede dejar fuera de juego a gran parte de la audiencia, que se siente excluida pensando: «*¿seré yo la única persona que no lo sabe?, ¿soy acaso un ignorante?*».

Otro ejemplo evidente de *expresión* que puede resultar molesta, y en la que desafortunadamente se suele caer con demasiada frecuencia, consiste en afirmar que los demás «*no han entendido nuestra explicación*», lo que parece dejar en evidencia su ignorancia o poca inteligencia. La realidad es que la eficacia en la transmisión del contenido es responsabilidad del emisor. Somos nosotros en realidad los que «*no nos hemos expresado con suficiente claridad*».

Una vez que se repara en frases de este tipo, utilizar la segunda fórmula y evitar la primera es una cuestión casi de sentido común.

> No me ha entendido...

> No me he explicado bien...

Conviene tener en cuenta que algunas frases podrían tener un efecto especialmente desafortunado:

> — «Siento que el tema no sea especialmente interesante...»
> — «La elección del tema ha resultado difícil...»
> — «Les ruego disculpen mi inexperiencia en la oratoria...»
> — «Estoy algo nervioso...»
> — «Perdonen que la organización... el equipo... el material...»
> — «... ante un público tan maravilloso, tan excepcional...»
> — «Como todos ustedes saben...»
> — «Me ha tocado hablarles de...»
> — «Yo..., yo..., yo...»

Algunas de ellas son obvias, pero en otras es posible caer con la inocencia del novato.

Es muy diferente el efecto que produce manifestar que *«nos ha tocado»* hablar sobre un tema, a decir que *«es un privilegio para nosotros poder hablar de un tema apasionante»*. En todo caso,

> Me ha tocado hablarles de...

> Me alegra poder hablarles de un tema especialmente interesante...

decir esto último con un tono de voz relativamente apagado resulta poco convincente y reduce su verdadero interés. Cuando alguien afirma que le ha tocado hablar de un tema, como si se tratase de una lotería, la audiencia puede pensar algo así como *«pues, qué le vamos a hacer; a nosotros nos ha tocado escucharle».*

Si estamos demasiado centrados en nosotros mismos, nuestra charla probablemente no llegará a calar. Debemos reducir en lo posible el uso de la primera persona del singular, *«yo»*, salvo en aquellos casos en que se nos pide nuestra opinión o queremos dejar claro que es así, o cuando estamos contando una anécdota o experiencia personal.

El poder de convicción

Si queremos que los demás crean nuestro discurso, en primer lugar debemos creer nosotros mismos en él. Es difícil transmitir contenidos de los que no se está convencido. Nuestra implicación personal con el tema convertirá nuestra exposición en una disertación más viva y creíble. Y, del mismo modo, si queremos que los demás «quieran» nuestro mensaje debemos «quererlo» primero nosotros mismos.

El *entusiasmo* es otro elemento a tener en cuenta. Las ganas de hacer partícipe de nuestras ideas al auditorio y el interés mostrado hacia el propio discurso se pueden transmitir y *contagiar* con facilidad. Esto resulta más sencillo cuando se está *implicado* personalmente con el tema objeto de exposición.

La habilidad principal está en transmitir con *moderación* un auténtico entusiasmo. Se pueden dejar entrever las emociones, compartirlas con la audiencia y tocar su fibra sensible, pero mostrando que es el cerebro el que guía nuestra argumentación y nuestro razonamiento. Podemos sentir y reconocer el apasionamiento y mostrar a la vez un razonable grado de autocontrol.

La oratoria apasionada tiene una eficacia relativa, aplicable a contextos muy determinados. Tal vez para discursos con escasas posibilidades de argumentación, la exaltación y el histrionismo pueden llegar a nublar la mente de los que escuchan hasta convencerles. Pero estamos hablando de casos excepcionales. Lo cierto es que la *tranquilidad premeditada* resulta ser un arma muy poderosa.

Un modelo a imitar

El orador es un modelo para la audiencia. Su carácter, su experiencia vital, las ideas que transmite, sus motivaciones, sus valores, su entusiasmo, impregnan el discurso. Su forma de disfrutar abordando el tema, o el respeto con que trata a la audiencia, se convierten en un ejemplo a imitar.

Grandes oradores despiertan no sólo la admiración, sino el interés y la vocación de parte de la audiencia por el tema que se está abordando. Un buen docente es una guía para sus alumnos, una especie de mago capaz de despertar vocaciones. Alguien cuyo perfil de personalidad se convierte de algún modo en referente, en un modelo a imitar.

EL INTERÉS POR LA AUDIENCIA

Conocer a la *audiencia* nos permite adaptar nuestro discurso a sus características. Siempre que sea posible debemos solicitar información para conocer su perfil, características y peculiaridades:

- *Número* de asistentes previsto.
- *Perfil*: sexo, edades, actividad o profesión, nivel de conocimientos, nivel cultural, lugar de residencia.
- *Características* personales: actitudes, necesidades, intereses, motivaciones, objetivos.
- *Asistencia:* voluntaria, obligatoria, casual.

Muchos de estos datos pueden ayudarnos a preparar y a adaptar la exposición. No es lo mismo preparar una presentación para diez personas que para cien. Cuanto menor es el número más cercana puede ser la presentación, más participativa, más personalizada.

Debemos prestar atención a las personas que nos están escuchando, entrar en sintonía con ellas y sentirnos uno más del público, buscando su complicidad.

Es preciso adaptar el discurso a cada *audiencia*. Los políticos tienen esto muy en cuenta a la hora de celebrar sus mítines: ¿en qué población estoy hablando?, ¿qué necesidades y dificultades específicas tienen?, ¿quién compone mi audiencia mayoritariamente?, ¿son personas mayores preocupadas por las pensiones?, ¿son jóvenes preocupados por el trabajo o la vivienda?

Quien no considera a la audiencia como el eje central de su discurso difícilmente logrará alcanzar su objetivo y obtener el resultado deseado.

Nuestro interés debe ir más allá. *Cada persona* del público es importante. Esa idea tiene que estar presente en nuestra mente. Enfrascados en nuestro discurso podemos olvidar detalles que son esenciales para garantizar el éxito:

- Manifestar un *halago* sincero y discreto a la audiencia.
- Utilizar los *nombres* de las personas, en aquellos casos que es posible hacerlo.
- Preguntar e *interesarse* por la opinión de la audiencia.
- Evitar la arrogancia y la falta de *modestia*.
- Utilizar preferentemente el término *usted*, aunque pueda crear distancia.
- Evitar herir la *sensibilidad* del público.
- Evitar *ofender* a algún asistente.
- Mostrar *aprecio* hacia las personas que asisten a nuestra exposición.
- Hablar en el *idioma* de la audiencia, en su lenguaje.
- Mostrar autenticidad y *sinceridad*.
- Evitar las *autoadulaciones*.
- Tratar las críticas con *amabilidad*.
- *Atender* a las preguntas y sugerencias del público.
- Pedir *disculpas* si es preciso.
- *Agradecer* la asistencia y atención.

Hablar el *idioma* de la audiencia signofoca por una parte utilizar términos que sean comprensibles para ellos, aclarando aquellos conceptos que puedan resultar más oscuros. Pero también implica intentar adaptarnos a sus peculiaridades lingüísticas. Es probable que desconozcamos el idioma de otro país o de una determinada comunidad autónoma como para utilizarlo durante todo el discurso, pero podemos iniciar y concluir éste con algunas palabras en dicho idioma, preparadas para la ocasión.

La *humildad* suele hacer triunfar al ponente. El acto de ensalzar en público nuestros propios éxitos resulta en general ridículo. El ponente que evita las autoadulaciones está dando al público la oportunidad de formarse una opinión favorable a partir de la calidad de su presentación. Es más que recomendable evitar la arrogancia, el desafío y la superioridad.

La *alabanza* es síntoma de modestia. Podemos sustituir las autoadulaciones por alabanzas dirigidas hacia el público. Podemos manifestar nuestro aprecio por muchas cualidades de la audiencia: carácter, inteligencia, sensibilidad, integridad, sentido del humor, habilidades, conocimientos. No se trata de un mero trámite, sino de una valoración sincera, que tampoco debe resultar desproporcionada.

Hay que hablar con *naturalidad*, como haríamos en una conversación normal, pero especialmente debemos expresarnos con franqueza, con *sinceridad*. La autenticidad y la sinceridad son dos armas increíblemente poderosas del discurso. La verdad aporta vida al discurso, mientras la mentira suele ensombrecerlo. La falta de sinceridad puede estropear cualquier presentación. El público capta señales a través de componentes no verbales de la comunicación, o incluso a través de nuestras palabras o de algún lapsus, ya que lo que hay en nuestro pensamiento tarde o temprano acaba convertido en palabras.

La personalidad del orador

Rasgos negativos	vs.	Rasgos positivos
Prepotencia, autosuficiencia	–	Humildad
Tensión, ansiedad	–	Tranquilidad, serenidad
Miedo, temor	–	Seguridad, confianza
Grosería, descortesía	–	Respeto, educación
Ocultamiento, mentira, falsedad	–	Sinceridad, honestidad, autenticidad
Descuido, desconsideración	–	Delicadeza, sensibilidad, tacto
Antipatía	–	Cordialidad, simpatía
Autoritarismo	–	Asertividad, autoridad
Egoísmo	–	Altruismo, entrega
Falta de empatía, apatía	–	Empatía, simpatía
Inestabilidad emocional	–	Equilibrio personal
Escasa habilidad social	–	Habilidad social
Impulsividad	–	Reflexión, autocontrol
Falta de escucha	–	Escucha
Escaso conocimiento de sí mismo	–	Autoconocimiento
Autodesprecio	–	Autoaceptación
Cerrazón	–	Apertura
Rigidez	–	Flexibilidad
Bajo potencial creativo	–	Creatividad
Pesimismo	–	Optimismo

5

CONTENIDO Y ESTRUCTURA ANTES DE NADA

«Si tengo que pronunciar un discurso de dos horas
empleo diez minutos en su preparación.
Si se trata de un discurso de diez minutos,
entonces tardo dos horas en prepararlo.»

WINSTON CHURCHILL

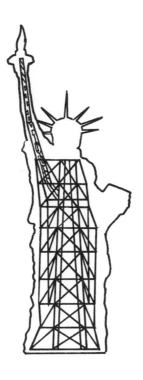

CONSTRUIR EL DISCURSO

Aristóteles dividía en cinco etapas sucesivas el proceso de producción del discurso:

1. *Inventio*: encontrar y definir el tema del que se va a hablar.
2. *Dispositio*: estructurar y disponer las diversas partes del discurso.
3. *Elocutio*: seleccionar las palabras, utilizar los recursos retóricos, imágenes, etc.
4. *Memoria*: memorizar el discurso.
5. *Actio*: actuar, realizar la acción de emitir el discurso.

Proceso de producción del discurso. Aristóteles

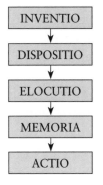

Al igual que un *edificio*, el discurso se construye desde abajo. Antes de nada hay un proyecto sobre el papel, unos planos que sirven de guía. En la oratoria tampoco tiene sentido empezar la casa por el tejado, o construir una pared sin conocer todo el conjunto, o sin haber asegurado previamente los cimientos y la base.

Si nos limitamos únicamente a acumular materiales y maquinaria no podremos construir el edificio. Hay que saber disponerlos, trabajar con ellos, darles solidez. Debemos conocer bien el terreno y el entorno en que se va a edificar, disponer y preparar el material que vamos a utilizar, construir unos cimientos sólidos, edificar planta sobre planta a un ritmo adecuado para que la estructura se vaya consolidando, distribuir las diferentes estancias, y las puertas, ventanas, pasillos, servicios de agua, electricidad, etc. Finalmente, rematamos los detalles, e invitamos a nuestros amigos —el público, en nuestro caso.

Elaborar la estructura del discurso es una tarea relativamente sencilla si se siguen unas pautas y una secuencia lógica en la que se irán abordando diversos aspectos:

- *Objetivo:* definirlo claramente.
- *Idea central:* ponerla por escrito.
- *Título:* decidir un título adecuado.
- *Guión:* realizar un esquema estructurado del contenido.
- *Contenidos:* desarrollar los contenidos.
- *Datos y anécdotas:* ilustrar la ponencia.

El discurso está formado por un conjunto de partes, una serie de elementos que constituyen una unidad, pero que, sin embargo, no puede ser percibida de forma global y simultánea, sino a partir de una construcción sucesiva, lineal, temporal, armónica, organizada y secuencial de cada una de sus partes. Es preciso ir construyendo y tejiendo poco a poco la trama del discurso.

La disposición —*dispositio*— u organización de la estructura del discurso es, de algún modo, algo similar a la representación de una obra de *teatro* con diferentes actos, que van dirigiendo al espectador a lo largo de la acción.

La percepción instantánea que se puede tener de una fotografía, no es posible en el discurso. Éste se compone de una sucesión de impresiones, algo similar a un *viaje* que transcurre de forma natural y más o menos relajada por diferentes lugares, a un recorrido con un punto de partida y una meta, a lo largo del cual se va produciendo el deleite de la audiencia.

Cualquiera que sea la función del discurso —didáctica, persuasiva, estética—, su adecuada estructura es el componente esencial para garantizar su eficacia. Tal y como hemos comentado, los objetivos fundamentales a los que debe responder cualquier discurso son conseguir tanto captar como mantener la atención y concentración de los oyentes, dirigirla estratégicamente hacia el objetivo, y crear belleza y deleite.

Para estructurar el discurso y disponer los contenidos es conveniente:

- Dividir el discurso en partes —normalmente tres o cuatro.
- Articular y conectar adecuadamente las diferentes partes.
- Escalonar los contenidos y argumentos, conforme al objetivo.
- Introducir descansos, pausas breves, transiciones.
- Procurar variedad en contenidos, estímulos, expresiones.
- Introducir y distribuir diversos recursos retóricos.
- Incorporar datos, ejemplos, anécdotas.

En el discurso lo primero que debemos tener claro es el objetivo, la meta. Nuestra primera tarea, a partir de la cual estructuraremos y prepararemos la exposición, consiste en clarificar el *objetivo*. Podemos ponerlo por escrito junto a la *idea central* de la ponencia, y convertirlo en la referencia constante durante todo el trabajo de preparación.

En la *docencia* los objetivos se suelen especificar dirigidos a tres áreas concretas:

- Intelectual: *conocimientos.*
- Conductual: *habilidades.*
- Emocional: *actitudes.*

Debemos definir concretamente qué es lo que queremos que la audiencia conozca, haga y sienta tras nuestra intervención. Normalmente en la formación se profundiza especialmente en el primero —la transmisión de conocimientos—, y en el segundo —el entrenamiento en determinadas habilidades—. El nivel emocional es especialmente importante. Nuestro discurso puede establecer, afianzar o modificar actitudes.

Tenemos que conocer bien nuestros recursos personales, nuestra capacidad, pero sobre todo debemos conocer el tema, la audiencia y el contexto:

- El **tema:** será diferente el discurso según la temática que abordemos, y ligada a ella está lógicamente el objetivo. Puede tratarse de un tema más informal o popular, un tema científico o muy especializado, un tema social, religioso, político, histórico. Los tratamientos serán diferentes en cada caso. Una clase magistral o una ponencia en un congreso científico, por ejemplo, puede requerir una amplia documentación previa sobre el tema, y tener un tratamiento más riguroso, preciso y objetivo. En definitiva, un carácter más formal.
- La **audiencia:** los destinatarios de nuestra disertación son el elemento fundamental de todos los discursos. Debemos intentar conocer varios datos: número aproximado de personas, sexo, edad, nivel cultural, costumbres, profesión, creencias, intereses, expectativas. Nos vamos a dirigir de forma muy diferente, por ejemplo, a un grupo pequeño o a una audiencia numerosa, si el grupo esta compuesto sólo de hombres o de mujeres o es un grupo mixto, si se trata de jóvenes, adultos o personas mayores, si su nivel de conocimiento es homogéneo o heterogéneo, si comparten o no características

o tradiciones por su lugar de residencia, por sus convicciones o por la profesión que desempeñan.

* El **contexto**: la hora, el día, el lugar, el momento preciso, las circunstancias concretas que rodean al acto. El tratamiento será diferente en un ámbito político, social, académico o religioso. Será distinto en un contexto de receptividad, de asistencia voluntaria, de éxito, crecimiento o si se trata de una ponencia de obligada asistencia, realizada en un contexto de rechazo, de conflicto o de crisis.

UNA TEMÁTICA ATRACTIVA

El orador debe decidir el tema y seleccionar los contenidos en una primera fase, para posteriormente poder organizar y dar forma al discurso. Debemos ser precisos a la hora de definir el tema. Sin perder de vista el objetivo, podemos ajustar bien el ámbito de los contenidos y organizarlos de forma adecuada.

El *contenido* puede resultar especialmente atractivo si procuramos que sea:

* **Novedoso:** debe introducir y aportar aspectos nuevos. Una noticia de actualidad, un tema candente, un descubrimiento reciente, unos datos poco conocidos, son elementos valiosos para construir el contenido. El discurso difícilmente tendrá éxito si se dedica a repetirle a la audiencia una información que ésta ya conoce.

* **Personalizado:** el orador puede personalizar el contenido, lo que convierte su discurso en «único». La información pasa antes por el filtro de nuestra experiencia y conocimientos, por nuestra reflexión, análisis, selección y reconstrucción. Todo ello dota al discurso de singularidad. La personalidad del orador deja un sello especial, una marca de identidad. Sus valores éticos, sus creencias, su orientación política, su visión

del mundo, su filosofía, se verán reflejados en la forma de abordar el contenido y de personalizar el mensaje.

• **Original:** el tema puede ser contemplado desde una óptica diferente, desde una perspectiva que resulte nueva para los oyentes. La imaginación, el ingenio, la creatividad, pueden también añadir a un tema conocido una nueva dimensión, un tratamiento inédito.

Buscar temas

Hay diversas fuentes para la búsqueda y localización de temas y material para los discursos. Veamos algunas de las vías o canales complementarios para obtener ideas y recoger información:

• *La experiencia:* la propia experiencia vital y profesional nos ofrece constantemente un caudal de materiales que puede ser incorporado al discurso o ser objeto del mismo.

• *La observación:* mirar, contemplar, examinar atentamente. La vida diaria nos ofrece miles de estímulos, aunque muchos de ellos pasan desapercibidos o caen en el olvido.

• *El diálogo:* una charla informal, una conversación con amigos, un debate en grupo, una discusión, una entrevista mantenida con algún experto.

• *La lectura:* la lectura de documentos escritos, artículos, ensayos, libros, revistas, periódicos, archivos informáticos.

• *El estudio:* la labor de estudio activo y crítico, la contemplación de una temática desde múltiples perspectivas. Investigar, seleccionar, ampliar, comparar, modificar, reestructurar, son actividades que se convierten en fuente de nuevas ideas.

• *El análisis:* supone la separación y diferenciación de las partes de un todo, para llegar a conocer sus principios o sus elementos. El proceso de desmenuzamiento y la profundización en cada uno de los elementos, variables o dimensiones de un tema, amplía el campo de visión y permite abordar la temática con mayor precisión.

- *La reflexión:* la profundización en los conocimientos, la integración, aprehendizaje e incorporación de los mismos. Suele ser producto de la fusión del estudio y la experiencia.
- *La imaginación:* el ejercicio de la creatividad, la puesta en marcha de la imaginación, aporta material muy valioso. Diversas perspectivas, diferentes planteamientos, nuevas soluciones, otras estructuras, formas novedosas de presentar la información. El discurso será probablemente más sencillo y accesible, más interesante y ameno, y responderá al criterio de originalidad y singularidad.
- *Internet:* Internet se ha convertido en una valiosa, accesible, rápida e indispensable fuente de información.
- *Otras fuentes:* los recuerdos, los sentimientos, los sueños.

TEMÁTICAS BÁSICAS

- Personas / Descripciones / Biografías / Actividades
- Ideas / Teorías / Creencias / Valores
- Acontecimientos / Historia / Causas-consecuencias
- Objetos / Descripciones / Utilidades / Funcionamiento
- Otros seres vivos / Tipos / Descripciones / Funciones

DIFERENTES PERSPECTIVAS

- Filosófica
- Psicológica
- Antropológica
- Sociológica
- Ética
- Física
- Lógica
- Científica
- Técnica
- Histórica

- Política
- Económica
- Jurídica
- Religiosa
- Cultural
- Estética
- Ecológica

Un título sugerente

En función del objetivo y de la idea principal que sintetiza el contenido a exponer, elegiremos también un *título* para nuestra ponencia que sea atractivo y sugerente, que refleje en síntesis el tema central. El título debe además captar la atención.

El enunciado del título puede adoptar diferentes formas. Se puede formular como una afirmación o como un interrogante, plantear un dilema, cuestionar un principio, enunciar un problema. Los titulares de los periódicos son un ejemplo de cómo se puede resumir una idea y captar la atención. De la lectura de los mismos obtendremos algunos criterios que nos pueden ayudar a decidir un título para nuestra charla.

En general, el título debe reunir una serie de *características* básicas:

- Ser *breve*, en general.
- Ser *comprensible*, fácil de entender.
- *Reflejar* el contenido.
- Captar la *atención*.
- Despertar el *interés*.
- Animar a la *asistencia*.

La brevedad o no del título queda más a criterio del ponente, pero, en general, son más fáciles de captar los títulos cortos y sencillos.

Hay enunciados más formales o más informales, más técnicos o más coloquiales, según el contexto del discurso. Un congreso científico puede requerir un tratamiento más formal, y permitir una mayor longitud en el enunciado del título. Para una charla-coloquio en una asociación cultural se podría acortar el título, jugar más con la creatividad y hacerlo especialmente llamativo, con objeto de captar la atención y despertar el interés.

Si contrastamos, por ejemplo, un título más formal, del tipo *Psicología diferencial del hombre y la mujer,* con el llamativo título del conocido libro *Por qué los hombres no escuchan y las mujeres no entienden los mapas,* la impresión que obtenemos en ambos casos es bastante diferente.

LA ESTRUCTURA DEL DISCURSO

El guión o *estructura* es en realidad el esqueleto que da soporte a la presentación. Para elaborarlo partimos de la selección de los contenidos que vamos a incluir, y decidimos el orden en que se van a desplegar a lo largo de nuestra disertación. La estructura de los discursos suele presentar tres partes claramente diferenciadas:

A) *Introducción.*
B) *Cuerpo.*
C) *Conclusión.*

Esquema general de la estructura de la exposición

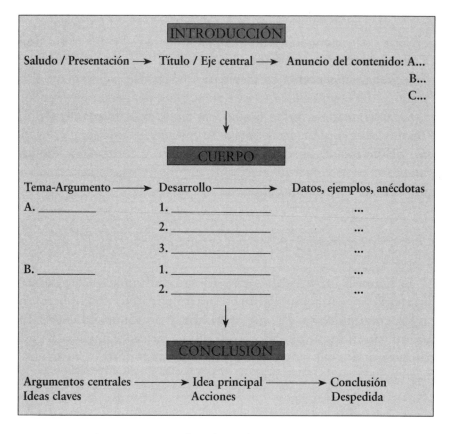

Se trata, básicamente, de «decir lo que vamos a decir», a continuación, «decirlo», para finalmente «decir lo que hemos dicho».

> *«Decir lo que se va a decir.*
> *Decirlo.*
> *Decir lo que se ha dicho»*

El esquema responde también a la estrategia pedagógica tan eficaz de mostrar la globalidad o el todo, desarrollar cada una de las partes de forma pormenorizada, y realizar finalmente una síntesis de las ideas principales. Refleja así las tres fases del proceso de aprendizaje:

- *Sincrética:* visión global.
- *Analítica:* estudio de cada parte.
- *Sintética:* resumen de lo esencial.

La *introducción* y la *conclusión* merecen especial atención. Ambas dejan una especial huella en la memoria de la audiencia por los efectos de *primacía* y *recencia*, que en psicología hacen referencia a un mayor recuerdo de lo primero y de lo último o más reciente que se escucha.

Según esos mismos principios, para restarle importancia a alguna idea o frase lo ideal es ubicarla en mitad de un párrafo especialmente largo, mencionarla rápidamente sin detenernos, y pasar después a otro tema sin realizar pausa alguna.

La *introducción* debe ser breve y certera, contribuir a captar la atención, crear la atmósfera adecuada y abrirnos el camino para una exposición eficaz. En la *conclusión* expondremos un resumen de los puntos más importantes, destacando la idea fundamental. Al igual que el inicio tiene su tiempo de «arranque», para la conclusión debemos igualmente tomarnos un tiempo de «frenada». No sería lógico terminar bruscamente, o hacerlo sin despedirse y sin agradecer la atención que nos han dispensado.

En cuanto al *cuerpo* del discurso debemos estar especialmente atentos para evitar sobrecargarlo con una cantidad excesiva de información. Posteriormente procederemos a completarlo y adornarlo con elementos que lo hagan más ágil y eficaz: datos, ejemplos, anécdotas, citas, alguna parte práctica.

Hay algunos *principios pedagógicos* que son de especial utilidad para construir el cuerpo del discurso:

- *Organizar* la información.
- Ordenar los contenidos: de lo *concreto* a lo abstracto.

- Buscar *simplicidad* y sencillez en la exposición.

- Adaptarnos al *nivel* de conocimientos de la audiencia.

- Introducir *variedad*.

- Emplear *ejemplos*, imágenes, analogías.

- Buscar la *participación* activa de la audiencia.

- *Repetir* contenidos para afianzar la comprensión y memorización.

- Resumir y *sintetizar*.

Para lograr el *interés* podemos partir de lo conocido y llevar al oyente hacia aquello que desconoce.

Éste es normalmente el procedimiento que siguen la pedagogía docente, la prueba jurídica, la argumentación lógica o el relato narrativo. Cuando no se hace así es con un propósito específico: por una parte puede contribuir a captar la atención, pero puede tener el efecto secundario de despistar o confundir al oyente.

Hay oradores que optan por *grabar* primero su discurso, y posteriormente escuchan y transcriben la grabación. A partir de ese primer borrador realizan los cambios precisos: reestructuran, eliminan o añaden, modifican. Sin embargo, para configurar la estructura de una forma más rigurosa hemos de revisar:

- Qué *información* tenemos sobre el tema.
- Qué *cantidad* podemos presentar en el tiempo de que disponemos.
- Qué *argumentos* vamos a esgrimir.

* Qué *información complementaria* vamos a aportar: ejemplos, datos, gráficos, casos reales, etc.
* De qué material de *reserva* se puede disponer.
* De qué contenidos se puede *prescindir*.
* En qué *orden* se va a presentar la información.
* Qué *criterio* vamos a utilizar para estructurar la presentación.

CRITERIOS PARA ESTRUCTURAR LOS CONTENIDOS

La estructura del núcleo de la presentación responde generalmente a tres criterios básicos:

* *Temporal:* narración, relato ascendente —de principio a fin—, relato descendente —del final al principio—, relato circular —de inicio a inicio.
* *Espacial:* descripción, de lo general a los detalles, de los detalles a lo general.
* *Lógico:* argumentación, premisas y conclusiones, dialéctica de tesis-antítesis-síntesis, afirmación-negación-síntesis.

A la hora de organizar, ordenar y estructurar el contenido del discurso podemos utilizar métodos, estrategias o enfoques diversos:

1. Analítico.	6. Deductivo.
2. Descriptivo.	7. Problemas-soluciones.
3. Comparativo.	8. Causas-consecuencias.
4. Secuencial-Cronológico-Temporal.	9. Progresivo.
5. Inductivo.	10. Lógico.

1. **Analítico:** descomponemos los principales componentes de un elemento, separando las distintas partes o categorías que lo integran.

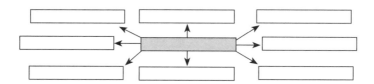

2. **Descriptivo:** se basa en la presentación organizada de las características principales del tema.

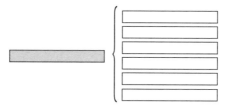

3. **Comparativo:** busca el contraste entre dos elementos, destacando sus semejanzas y diferencias.

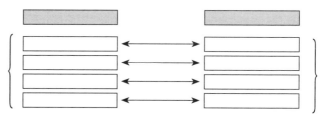

4. **Secuencial-Cronológico-Temporal:** expresa el proceso, las diferentes fases, los pasos que se siguen, la evolución en el tiempo.

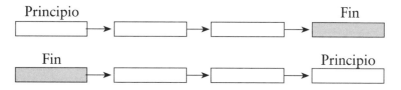

5. **Inductivo:** va de lo particular a lo general, parte de los detalles para llegar a la idea principal.

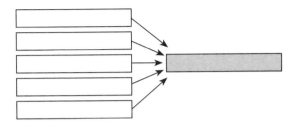

6. **Deductivo:** parte de la idea general para abordar a continuación los detalles y argumentos particulares.

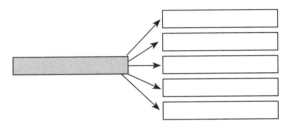

7. **Problemas-soluciones:** aborda los diferentes problemas y las soluciones que se derivan de ellos o se aplican en cada caso.

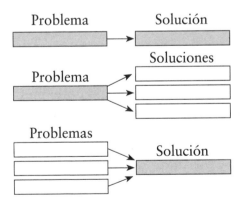

8. Causas-consecuencias: describe los antecedentes y consecuentes.

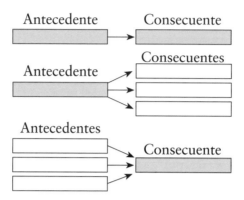

9. Progresivo: aborda el tema desde lo más sencillo a lo más complejo; cada paso permite ir completando las ideas.

10. Lógico: presenta los argumentos de una forma lógica, llegando a la conclusión a partir de una o varias premisas.

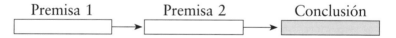

MÉTODOS DEDUCTIVO E INDUCTIVO

Los métodos *deductivo* e *inductivo* ofrecen dos posibilidades alternativas. Podemos optar por presentar primero la idea principal, la conclusión, y posteriormente los argumentos, o viceversa. En el método *deductivo* o directo, la idea principal se avanza en primer lugar para, a continuación, pasar a exponer los argumentos que la justifican. En cambio, en el método *inductivo* o indirecto, los argumentos se presentan al principio para abrir paso a la idea principal o la conclusión.

¿Cuándo es más *oportuno* emplear un método u otro? El método inductivo es más adecuado si la idea principal puede causar en la audiencia una reacción inicial de rechazo o desinterés. Si expusiésemos ésta en primer lugar, es posible que nuestros argumentos no sean escuchados de forma adecuada.

Características diferenciales de las técnicas inductiva y deductiva

	△ Deductiva	▽ Inductiva
Técnica	Directa	Indirecta
Idea principal	Al principio	Al final
Mensajes	Positivos	Negativos
Reacción prevista	Agrado, interés	Desagrado, falta de interés
Carácter	Informativo	Persuasivo
Ventaja	Fácil de seguir	Crea expectativa

También es adecuado utilizar el método inductivo en aquellos casos en que deseamos crear una expectativa. Es algo parecido a llevar un objeto envuelto o tapado, y hablar sobre él antes de mostrarlo al público. Pero también hay que contar con que ocultar de entrada la idea principal, a la vez que crea cierta expectativa puede generar desconcierto, impaciencia y cierta desconfianza entre quien nos escucha.

Ante una previsible reacción de interés o una actitud neutral respecto a la idea principal, podremos utilizar el método directo o deductivo, permitiendo que ésta ocupe un lugar privilegiado al principio de la exposición.

Una vez construida la estructura podemos *revestirla* con los diversos contenidos, argumentos, definiciones, conceptos, datos, ejemplos, anécdotas, etc.

ESCRIBIR EL CONTENIDO DEL DISCURSO

Algunos discursos se escriben para ser leídos por los oradores. Sin embargo, cuando no se va a leer ¿tiene sentido escribir el contenido del discurso?

Escribir es una excelente forma de mejorar la oratoria. Podemos escribir un esquema, un resumen o la totalidad del discurso.

El hecho de poner el contenido por escrito presenta importantes ventajas:

- Aporta claridad y precisión al contenido.
- Permite adecuar la estructura y el orden de la exposición.
- Contribuye a mejorar el nexo y las transiciones entre las partes.
- Facilita el logro del objetivo.
- Pone de relieve la adecuación en el uso del vocabulario.
- Permite detectar construcciones gramaticales incorrectas, repeticiones.
- Facilita la memorización del contenido.
- Permite confirmar la duración aproximada de la exposición.
- Facilita la revisión, evaluación y corrección del discurso, leído en voz alta.

Características del lenguaje y del contenido

En el análisis del contenido del discurso, podemos utilizar algunos criterios básicos a los que debe responder. El lenguaje debe responder a criterios de claridad, corrección y precisión, mientras que en lo que se refiere al contenido, deberíamos buscar concisión, unidad y armonía.

Características del lenguaje:

- **Claridad:** la adaptación a los conocimientos de los oyentes y a su competencia lingüística, la sencillez en el uso del lenguaje, y la adecuada y lógica estructuración de los contenidos contribuyen a aportar claridad al contenido y a facilitar la comprensión del discurso.

- **Corrección:** asegurar el cumplimiento riguroso de las normas académicas que rigen el lenguaje. Debemos buscar la corrección fonética, morfológica, sintáctica, léxica y semántica.
- **Precisión:** la exactitud, la utilización de un vocabulario preciso y de términos adecuadamente definidos. La precisión debe ser compatible con la claridad, por lo que se deben definir y explicar con nitidez aquellos términos que puedan resultar confusos o desconocidos para los oyentes.

Características del contenido:

- **Concisión:** implica la brevedad en el modo de exponer los conceptos, empleando el menor número de palabras. Como dijo Baltasar Gracián, *«lo bueno si breve, dos veces bueno»*. La repetición arbitraria, el exceso de contenido y la prolongación excesiva del discurso están contraindicados en la oratoria. En general, la brevedad se agradece, y deja al público con ganas. Más que eliminar contenidos, se trata de adecuarlos al tiempo disponible y a los objetivos perseguidos.
- **Unidad:** el contenido debe presentar una imagen de unidad, un sentido y carácter unitarios. No se trata de una mera enumeración de ideas deslavazadas. Tiene que ofrecer una imagen de conjunto. Esto implica por una parte que no puede dividirse sin que se altere la esencia del discurso. Pero por otra, implica que nada parece estar añadido sin justificación, o dando la impresión de no pertenecer al conjunto.
- **Armonía:** además, ese carácter unitario de los diferentes contenidos que se abordan debe mostrar un todo armónico, equilibrado, en el que sus diferentes elementos están organizados y vinculados de forma adecuada. Las distintas partes

deben guardar una coherencia, un equilibrio, una propor-
ción, y conducir de forma natural a la conclusión y al logro
del objetivo perseguido.

ESTRUCTURA BÁSICA DE UNA PRESENTACIÓN

A) *Introducción:*
- Saludar.
- Presentar: tema, ponente, objetivo.
- Captar la atención de la audiencia.
- Despertar su interés.
- Destacar la importancia del tema, del acto.
- Orientar hacia el tema central.
- Señalar o avanzar de algún modo la idea principal.
- Establecer la credibilidad del presentador.
- Aclarar la metodología: duración, documentación, parti-
cipación.

B) *Cuerpo:*
- Desarrollar el contenido.
- Aportar los argumentos.
- Conducir hacia las conclusiones.

C) *Conclusión:*
- Resumir los puntos principales.
- Exponer la/s conclusión/es.
- Clarificar, en su caso, las acciones a emprender.
- Abrir turno de intervenciones, preguntas y respuestas.
- Agradecer y despedir.

6

ARGUMENTACIÓN
ES IRREFUTABLE

*«Nos ganaremos la benevolencia del juez no solamente alabándole,
lo cual es común a las dos partes y debe hacerse con moderación,
sino juntando esta alabanza con la utilidad de nuestra causa;
esto es, alegando su valimiento a favor de los buenos;
su justicia en favor de los caídos; su misericordia para con los infelices;
su severidad para vengar a los ofendidos, y así lo demás.»*

M. FABIO QUINTILIANO

DIMENSIONES DE LA ARGUMENTACIÓN

Aristóteles proponía tres caminos para alcanzar el objetivo de persuadir a la audiencia y poder influir en sus actitudes y comportamientos:

- *Enseñar:* ofrecer conocimientos.
- *Deleitar:* complacer el ánimo.
- *Mover:* conmover y movilizar a la acción.

Dimensiones de la argumentación

La oratoria nos brinda con frecuencia la oportunidad de mostrar nuestra capacidad para argumentar, defender nuestras propuestas y dejar en evidencia la debilidad de los argumentos en contra. Cuando el objetivo principal de la presentación es persuadir, la argumentación debe estar sólidamente construida. Para ello podemos abordar el discurso desde tres niveles diferentes.

Niveles de la argumentación

COGNITIVO Intelectual	EMOCIONAL Afectivo	CONDUCTUAL Activo
Ideas	Intereses	Hechos
Razonamientos	Motivaciones	Práctica
Análisis	Actitudes	Acciones
Causas-consecuencias	Valores	Experiencias
Teoría	Emociones	Resultados
Lógica, argumentos	Afectos	Ejemplos
Demostraciones	Sentimientos	Datos
Conceptos	Sensaciones	Realidades

El orador ha de aprender a dominar de forma especial tres componentes básicos de la oratoria:

- *Cognitivo:* el *conocimiento*, la inteligencia, el razonamiento.
- *Emocional:* las *emociones*, los sentimientos.
- *Conductual:* la *comunicación*, la acción.

Tres componentes de la oratoria

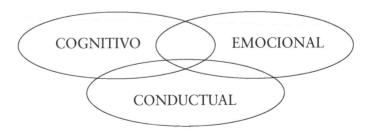

Si algo tiene poder de persuasión son las emociones, que suelen tener más capacidad que las propias ideas para influir sobre la conducta humana. Entusiasmar, animar y estimular los sentimientos es un proceso que debe ir regulado por la mesura, el autocontrol, la serenidad y la tranquilidad de ánimo. Todo ello permite mantener intacta la capacidad de juicio.

Las emociones compartidas son un gran recurso persuasivo. La empatía —del griego *empatheia*, sentir dentro— es la capacidad de percibir y experimentar la sensación subjetiva de la otra persona. Normalmente se habla de ella como la capacidad de ponerse en el lugar del otro. El orador debe conocer el estado emocional de su audiencia, conectar con ella, y lograr la sintonía afectiva.

LAS PARTES DEL DISCURSO PERSUASIVO

La retórica clásica —Quintiliano— distingue claramente cuatro partes del discurso, especialmente cuando su función es estratégica y persuasiva:

1. Introducción-*exordio*.
2. Exposición-*narratio*.
3. Argumentación-*argumentatio*.
4. Conclusión-*peroratio*.

La exposición y la argumentación conforman lo que llamamos el núcleo del discurso.

1. Introducción

Es una parte fundamental del discurso de la que depende en gran medida todo el éxito de la pronunciación y el logro final de los objetivos. El exordio es el preámbulo que prepara el ánimo de los oyentes.

Veamos algunas de las funciones principales a las que responde:

- Saludar a los oyentes.
- Agradecer la invitación a hablar.
- Agradecer de antemano la atención del público y su asistencia al acto.
- Crear un clima de cordialidad.
- Presentar al orador.
- Predisponer positivamente hacia la persona del orador.
- Introducir algún comentario breve, personal o general.
- Hacer referencia a la elección o contenido del tema.
- Facilitar la recepción del discurso, captar la atención y despertar interés.
- Eliminar barreras, posibles malentendidos, prejuicios.
- Propiciar la aceptación del contenido, dar las claves para su adecuada interpretación.
- Definir el tema y detallar el esquema que se va a seguir.
- Definir, delimitar y clarificar algunos conceptos.
- Confirmar la duración de la presentación.
- Explicar la metodología, la posibilidad de participación o el turno final de preguntas e intervenciones.
- Comentar si se va a utilizar o distribuir documentación.
- Hacer mención de algunos asistentes, participantes, personalidades, instituciones, etc.

Antes de argumentar, un orador debe *ganarse a la audiencia*. Esto lo puede hacer buscando como punto de partida elementos comunes y un marco de referencia compartido. A la hora de ganar el beneplácito del público el orador puede apelar a:

- Los *sentimientos:* las emociones, la simpatía por el débil, la compasión. Abogando en defensa del pacifismo, podríamos narrar y describir las consecuencias de las guerras más recientes.

- La *autoridad:* buscando la conformidad de personas destacadas, conocidas y creíbles, que defienden nuestras tesis.
- Los *valores:* mencionando ideales y principios comúnmente aceptados, como la paz, la justicia, la ecología, la democracia, la libertad.
- El *precedente:* mostrando casos, testimonios o ejemplos similares a los que defendemos ante la audiencia.

2. Exposición

En segundo lugar, tras la introducción, se procede a la exposición del asunto, de los contenidos, la narración de los hechos. La exposición es una fase previa a la argumentación que permite situar al oyente en el punto de vista del ponente, que le aporta el conocimiento de las causas, los motivos, las razones.

La exposición o narración debe:

- Ser clara, fácil de entender y de seguir.
- Reunir una cantidad adecuada y suficiente de información.
- Las características de los datos deben estar acordes con el género y propósito del discurso.
- Procurar la coherencia y proporcionalidad entre las diferentes partes.
- Articularse buscando una secuencia armónica.
- Abrir el camino a la posterior argumentación.

3. Argumentación

La argumentación es la prueba, la demostración de la tesis propuesta por el orador, no sólo a partir de la lógica y la razón, sino también desde aspectos éticos, emocionales, culturales.

Normalmente el argumento se compone de una o varias premisas y de la conclusión. Las premisas son oraciones, afirmaciones o proposiciones que apoyan, demuestran o dan prueba de otra afirmación.

Un ejemplo clásico de argumentación es el siguiente: «*Todos los hombres son mortales. Sócrates es un hombre. Sócrates es mortal.*» La validez de un argumento se deriva de su ajuste a las leyes de la lógica, mientras que su solidez se mide a partir de la certeza de sus premisas.

Premisas y conclusiones suelen ir precedidas de una serie de palabras que indican el carácter de la proposición:

PREMISA	CONCLUSIÓN
Puesto que	por tanto
ya que	en consecuencia
como	por consiguiente
en tanto que	como resultado
dado que	se desprende que
por cuanto	llegamos a la conclusión
viendo que	así
partiendo de	de ahí que

Cuando la audiencia está de nuestro lado es más fácil *presentar la información*. Podemos exponer y dejar claros los aspectos que avalan nuestra postura, y poner especial énfasis en los puntos más débiles de los argumentos en contra. Pero también podemos, como se suele hacer con frecuencia, recurrir al lenguaje emocional, dirigido en positivo cuando abogamos en favor de nuestra causa, o negativamente si es en contra de aquello que rechazamos.

Nuestra argumentación se verá beneficiada si utilizamos algunas estrategias a la hora de presentar los hechos:

- Presentarlos en *positivo*, acentuando las ventajas. Con frecuencia resulta posible convertir los peligros en oportunidades y los defectos en cualidades. Se pueden incluso destacar algunos beneficios secundarios o indirectos que pueden aportar nuestras propuestas.
- Partir de una adecuada *definición* inicial. Previamente a la argumentación, podemos definir el sentido preciso de los

términos que vamos a utilizar, y recurrir a la misma, cuando sea necesario, como marco de referencia.

- Apoyarse en *constructos teóricos*, esgrimiendo teorías ampliamente aceptadas como si se tratase de verdades en sí mismas, producto de la realidad, los hechos, la observación o la investigación.
- Clasificar y organizar los *datos*, de modo que contribuyan a presentar nuestra postura como el término medio ideal, dentro de un continuo entre dos posturas extremas no deseables.
- Presentar *estadísticas* que den solidez a nuestros argumentos, empleando datos estadísticos que provengan de una fuente confiable.
- Buscar *analogías*, situaciones o casos similares al que nosotros exponemos. La similitud en uno o varios aspectos puede utilizarse para extenderla a otros diferentes.
- Utilizar la *retórica*, algunos de cuyos recursos más importantes se describen en el último apartado del libro.

Winston Churchill afirmaba con ironía que él sólo se fiaba de las estadísticas que él mismo había manipulado. Y no le faltaba razón. Pocas cifras tienen valor en sí mismas, si no es en relación con otros valores que se toman como referencia.

Para utilizar de forma óptima las *estadísticas* podemos tener en cuenta algunas observaciones:

- En general, los datos estadísticos se pueden *seleccionar, agrupar, clasificar e interpretar* desde diferentes ópticas, según convenga a nuestra argumentación.
- Argumentar que la «*mayoría*» está a favor de nuestra postura es una sutil forma de invitar a los indecisos a apoyarla. Cuando se afirma que «hay más personas que están a favor de...» podemos estar hablando, por ejemplo tanto de un 15 por 100, si está referido a diversas posibilidades, como de un 51 por 100, si se están barajando únicamente dos alternativas.

- La utilización de *cifras muy elevadas* y la habilidad para remarcarlas, acentuando las diferencias extremas con otros datos, suele causar un efecto importante en la audiencia. Mencionar los millones de votos que respaldan a un partido suele producir más efecto que citar el porcentaje de votos que representa.
- La *repetición* de las cifras utilizadas parece tener psicológicamente un efecto acumulativo o sumatorio.
- Presentar los datos *gráficamente*, remarcando y acentuando visualmente las diferencias, contribuye generalmente a incrementar el efecto persuasivo de la argumentación.

Diferentes efectos en la presentación gráfica de la información

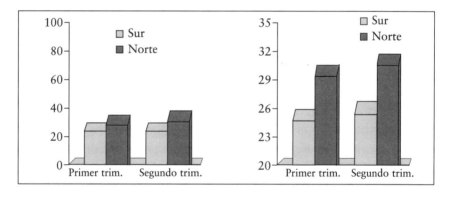

4. Conclusión

El epílogo o conclusión es, junto a la introducción y los ejemplos y anécdotas comentados durante la exposición, la parte que más se suele recordar del discurso. Es el momento de retomar e insistir en los argumentos fundamentales, y en la conclusión final a la que se ha llegado a partir de ellos.

La *conclusión* de nuestra argumentación debe quedar suficientemente reforzada. Para ello podemos utilizar algunas frases o expresiones que subrayan en la mente de la audiencia la veracidad de nuestra conclusión:

- Evidentemente...
- Ciertamente...
- Por supuesto...
- Con toda seguridad...
- Lógicamente...
- No cabe duda...
- Así pues, queda claro...

La conclusión puede incluir varias acciones:

- Resumir el núcleo del discurso.
- Apuntar los argumentos clave, las ideas o datos fundamentales.
- Realizar un posible turno de preguntas y un tiempo para el debate.
- Manifestar alguna impresión personal, de agrado, satisfacción.
- Formular alguna alabanza a la audiencia.
- Agradecer la asistencia, atención, amabilidad, generosidad, comprensión.
- Despedir a la audiencia.
- Manifestar buenos deseos, de esperanza, suerte, éxito.
- Arrancar el aplauso, expresión de identificación, admiración, adhesión y gratitud.

EL ARTE DE PERSUADIR

Por paradójico que pueda resultar, una actividad inicial que debe emprender el orador es la de escuchar a su audiencia, conocer e identificar sus inquietudes y expectativas. Deberíamos preguntarnos si el tema que vamos a abordar y la manera en que lo vamos a hacer tiene que ver con la «vida» de los oyentes, averiguar de qué manera podemos «acercarles» el discurso.

Al receptor de la comunicación le interesa escuchar principalmente las palabras que quiere escuchar, que necesita escuchar.

Asimila, a veces de forma casi exclusiva, las ideas que captan su atención, que reflejan su mundo interior, sus emociones, que se ocupan de sus problemas, frustraciones, alegrías, preocupaciones, necesidades, anhelos, expectativas; que hablan de sus costumbres, ocupaciones, trabajo y comportamiento habituales. Escucha cuando se le habla de personas como él, de sus amigos, de su familia, de sus compañeros. Aquello que tiene que ver con su pasado, su presente, su futuro. Quiere verse *reflejado en el orador*. El público admira o rechaza al orador en tanto éste refleja sus propias actitudes y defectos.

La persuasión alude a la capacidad de crear, despertar, estimular, actualizar o potenciar determinadas necesidades, pensamientos, sentimientos y emociones. Supone la formulación de propuestas que permitan que el oyente asimile un mensaje, moverle para que se adhiera a unas ideas, buscar su conformidad y acuerdo con una teoría, propiciar que se identifique con unos valores o una ideología, que asuma como propia una doctrina o unos postulados determinados.

La persuasión implica:

- Modificar ideas, cambiar pensamientos.
- Movilizar emociones y sentimientos.
- Despertar deseos.
- Orientar y modificar actitudes.
- Estimular valores.
- Modificar conductas.
- Movilizar comportamientos.

El carácter de la persuasión es a la vez *intelectual* y *emocional*. Es un proceso que con frecuencia resulta ser más psicológico que puramente lógico, y su estrategia, más emocional que racional.

Ambos aspectos juegan un papel fundamental en la persuasión, por lo que el orador debe conocer y aprender a dominar los resortes y mecanismos que canalizan, dirigen, movilizan y apaciguan las emociones, tanto las propias como las de los oyentes.

Algunos de los principales *elementos de persuasión* son:

- Sencillez, cercanía, identificación con el ponente.
- Modestia, humildad.
- Sinceridad, convicción.
- Afectividad, sintonía emocional.
- Claridad, razón.
- Serenidad, autocontrol.
- Lenguaje, vocabulario.
- Belleza, estética.
- Bondad, ética, valores.
- Conocimiento, autoridad, experiencia.
- Sensibilidad, personalidad, carisma.

CAPTAR LA BENEVOLENCIA

El objetivo fundamental que debe lograr el orador al inicio de su discurso es conseguir el respeto, el afecto, la comprensión y la valoración del público. La predisposición positiva hacia el orador suele surgir de la habilidad de éste para crear un clima cálido, una cierta cercanía, un ambiente favorable y receptivo, capaz de desmontar posibles actitudes previas de rechazo.

La comunicación es un acto recíproco en que se da y se recibe, se ofrece y se acepta. La *entrega del orador* y la *hospitalidad de la audiencia* logran el complemento ideal para desarrollar el discurso. El orador debe conseguir captar el beneplácito, el consentimiento y la aprobación de la audiencia. Ésta, por su parte, debe mostrarle su aceptación y conformidad, pero el orador tiene que ganarse su permiso, su venia y su autorización.

No siempre resulta tarea sencilla ganar la benevolencia y el afecto del público. Su clemencia e indulgencia son necesarias para poder desarrollar adecuadamente la argumentación. Resulta más complicado y difícil argumentar de forma eficaz cuando uno percibe rechazo en el oyente. La confianza en uno mismo y en sus argumentos crece en tanto uno siente el aprecio del público, la calidez en la acogida de su persona y de su mensaje, su disposición receptiva.

Las estrategias para captar la *benevolencia* y el beneplácito de la audiencia tienen cuatro fuentes diferentes: el orador, los oyentes, el adversario y el tema.

1. Orador:

- La disposición de servicio y de entrega a la audiencia.
- La competencia y discreto dominio del tema.
- La confianza en su propia capacidad.
- La modestia y humildad, el reconocimiento explícito de sus limitaciones.

El orador debe mostrarse ante su audiencia con modestia, reconociendo tanto sus *cualidades*, sin llegar a la arrogancia, como sus *limitaciones*. La actitud de servicio, de humildad y de *respeto* suele generar, como si de un espejo se tratase, actitudes similares en los oyentes.

El ponente debe ser reconocido como experto, como una autoridad en el tema objeto de exposición. Antes de utilizar otras estrategias de persuasión, se debe conocer la opinión previa que tienen los oyentes sobre el orador, y en su caso intervenir sobre ella. El público se hace una idea previa acerca de la competencia del ponente, de sus conocimientos, de su experiencia, de su biografía.

La autoridad jerárquica —líder, profesor, científico, especialista, profesional— debe ir, en todo caso, ligada a una *autoridad moral*. Ésta puede tener un mayor peso en cuanto a poder de influencia, y normalmente va ligada a aspectos como la sinceridad, coherencia, ecuanimidad y ejemplaridad del orador.

El orador muestra su forma de ser, de vivir, de concebir el mundo, de creer, experimentar y practicar aquello de lo que habla. Su sentido de la justicia es muy probable que se vea reflejado en el trato justo que recibirá de los oyentes.

2. Oyentes:

- La confianza plena en la disposición y capacidad comprensiva de los oyentes.
- La actitud de respeto hacia la audiencia.
- El reconocimiento de su inteligencia, la alabanza de sus cualidades personales.
- La confianza en su ponderación y ecuanimidad.

Una estrategia básica consiste en la demostración de *aprecio* y *reconocimiento* hacia los oyentes, haciendo mención pública de sus cualidades, su inteligencia, su sentido de la justicia y su benevolencia.

3. Adversario:

- Descubriendo los errores y limitaciones del adversario.
- Desacreditando su persona, sus valores, su conducta.

También podemos captar la benevolencia de los oyentes dejando en *entredicho* al adversario, poniendo de relieve sus fallos, defectos, limitaciones, errores. Igualmente podemos argüir sus oscuras intenciones.

Sin embargo, aunque es una estrategia perfectamente válida, puede ser preferible centrarnos más en el tema, y dar más solidez a nuestra línea argumental que empeñarnos en destrozar la del contrario o intentar desacreditarlo personalmente.

4. Tema:

> • Destacando el valor de las tesis y argumentos que defendemos.
> • Mostrando la debilidad de las propuestas y razonamientos contrarios.

El tema del discurso también nos permite captar la benevolencia de los oyentes. Debemos ser capaces de mostrar su *interés*, su *utilidad*, y la *solidez* de las propuestas y argumentos que defendemos, restando igualmente fuerza a las posturas en contra, desmontando las tesis que defienden nuestros adversarios.

Lo ideal es *conectar* el tema con las expectativas, los deseos y los temores más profundos de la audiencia, consiguiendo que ésta haga suya nuestra argumentación.

Afirma un conocido refrán que *cuanto más quieras avanzar, más tendrás que recular.* Así podemos encontrar argumentaciones que parecen comenzar dando la razón a la parte contraria, para intentar a renglón seguido, demoler sus argumentos.

Podemos ver algunos ejemplos de refutación que muestran esta táctica:

- *«Su exposición ha sido interesante, sin embargo la información en la que se basa es inexacta. Sus argumentos carecen de base, y su conclusión resulta por tanto inaceptable.»*
- *«Coincido con usted en los puntos que ha puesto de relieve, sin embargo debo destacar que, por ignorancia o desconocimiento, usted no ha tenido en cuenta que...»*

ANÁLISIS DE UNA ARGUMENTACIÓN

Problema

- Tema, asunto, problema.
- Formulación adecuada.
- Importancia, repercusiones.
- Historia, causas, antecedentes.
- Temas vinculados, asociados.
- Personas implicadas.

Soluciones

- Datos o supuestos ciertos y precisos.
- Premisas aceptables.
- Argumentos principales.
- Argumentación, validez y solidez.
- Conclusiones.
- Soluciones propuestas.

Alternativas

- Objeciones posibles.
- Argumentos para rebatirlas.
- Alternativas propuestas.
- Pros y contras de la alternativa.

7

PREPARACIÓN Y ENSAYOS
¡ACCIÓN!

*«El éxito es una cuestión de perseverar
cuando los demás ya han renunciado.»*

WILLIAM FEATER

> *«Algunos oradores son como los polvorones…*
> *Les quitas el papel y se desmoronan.»*

PREPARAR EL DISCURSO

La *preparación* de la presentación es una de las claves indiscutibles del éxito de la misma. Hacer una presentación en público equivale a representar un *papel* en una obra de teatro, de la que también somos autores del guión y únicos protagonistas. El acto de realizar la presentación es algo *físico y emocional*. Durante la misma, la energía interior de la persona se proyecta hacia el exterior para transmitir las ideas. Debemos preparar y ensayar bien nuestro papel y finalmente representarlo.

> ¡PREPARACIÓN!
> ¡PREPARACIÓN!
> ¡PREPARACIÓN!

La conferencia más concienzudamente preparada suele resultar tan natural que parece improvisada. Una cuidada estructuración y preparación de la exposición facilitará el desglose progresivo de los contenidos. La selección y estructuración del contenido de la presentación es esencialmente un proceso *intelectual*.

Podemos preparar el *contenido* mediante:

• Lectura de *libros*, artículos, prensa, Internet.

- Profesores, profesionales, *expertos*, especialistas, personas relacionadas con el tema.
- *Conocidos*, amigos, familiares.
- *Reflexión* individual.

En realidad la preparación del orador y de la ponencia no termina nunca. Hay que seguir actualizando conocimientos, recogiendo datos, leyendo, aprendiendo. Cualquier *idea*, anécdota, cita, debe ser registrada para valorar posteriormente la oportunidad de su utilización. La información se puede ir recogiendo en una carpeta que reúna nuestras anotaciones en archivadores con hojas sueltas, fichas, cuadernillos, recortes de prensa, fotocopias.

Es necesario *seleccionar* y cribar la información según algunos criterios:

- *Importancia.*
- *Relevancia* de cara a los objetivos de la ponencia.
- *Oportunidad* para la ocasión.
- *Fiabilidad* y veracidad.
- *Precisión.*
- *Actualidad.*

Durante la preparación de la charla debemos tener en cuenta que es probable que surjan *imprevistos* en el momento de la presentación, y hay que contar de antemano con ellos. Puede ocurrir que nuestro tiempo de exposición se vea reducido porque el anterior ponente se extendió en su presentación; el número de asistentes puede no ser el esperado; la audiencia puede mostrar una predisposición negativa con la que no contábamos; tal vez se produzcan fallos técnicos en los apoyos audiovisuales.

La preparación de una charla debe contemplar a cuatro aspectos principales:

> • *Contenido.*
> • *Apoyos audiovisuales.*
> • *Expresión verbal.*
> • *Expresión no verbal.*

No podemos esperar a la inspiración. Es necesario trabajar, preparar y madurar todo el contenido. Es un error intentar preparar la intervención a última hora, deprisa y corriendo. Debemos prepararla con antelación suficiente aunque la revisemos especialmente bien el día previo.

LAS NOTAS DEL ORADOR

Normalmente se preparan algunas anotaciones o guiones. Debemos decidir sobre la conveniencia o no de su utilización.

Veamos algunos consejos y observaciones sobre las *notas del orador*:

- Aun cuando no se tenga previsto utilizarlas, el mero hecho de disponer de algunas anotaciones puede hacernos ganar seguridad y *tranquilidad.*
- Salvo cuando se vaya a realizar la presentación sentado o con el apoyo de una mesa o un atril, puede ser más conveniente utilizar *tarjetas* de cartulina en lugar de folios. Cualquier temblor de las manos producido por el nerviosismo se transmite y amplifica aún más en el caso del folio.
- Deben ser escuetas, incorporando un *guión o esquema* del contenido.
- Se deben poder consultar «a distancia», facilitando su lectura con *caracteres* de tamaño adecuado, utilizando mayúsculas, diferentes colores.
- Conviene consultarlas con naturalidad, sin realizar *gestos* ostensibles.

- Evitar utilizarlas o tenerlas en las manos *al comenzar y al terminar* el discurso.
- Escribirlas por *una sola cara*, para evitar tener que girarlas, e impedir que el público vea lo que hay escrito en ellas.
- *Numerarlas*, revisar el orden y evitar su extravío. «No perder los papeles».
- Utilizarlas con *flexibilidad*, pudiendo con discreción cambiar el orden hasta poco antes del discurso o durante el mismo, o eliminando alguna si vemos que el tiempo se nos va a quedar corto.
- Evitar hablar mientras se *consultan*. Lo conveniente es hacer una pausa, consultar las notas, mirar al auditorio y continuar el discurso.
- Si es posible, es mejor no utilizar anotación alguna y llevarla sólo para un caso de urgencia.

REALIZAR ENSAYOS PREVIOS

Muchos atletas, actores, cómicos, músicos..., se entrenan una y otra vez hasta pulir y perfeccionar su estilo. La oratoria es una representación. Una adecuada preparación exige de los ensayos preliminares y de un ensayo general. Una pronunciación previa del discurso permite ponerlo a prueba e introducir con tiempo las correcciones precisas y los cambios necesarios. La necesidad de realizar un ensayo previo del discurso es inversamente proporcional al conocimiento del tema por parte del ponente, y a su experiencia como orador.

Para preparar y ensayar adecuadamente el discurso debemos tener en cuenta los diversos elementos del discurso: el tema, el contenido, los objetivos, la audiencia, el contexto, los apoyos.

Puede resultar interesante realizar diferentes ensayos cambiando algunas de esas condiciones:

- Con o sin apoyos audiovisuales.
- Con un público reducido o numeroso.

- Con un público favorable o desfavorable a nuestras propuestas.
- Con un tiempo más limitado del inicialmente previsto.

Esto nos puede aportar un mayor dominio, soltura, confianza y seguridad ante posibles imprevistos que puedan surgir.

Realizar *ensayos* previos resultará imprescindible, y tanto más conveniente cuanto más relevancia tenga la intervención. Nos permiten adecuar los contenidos, corregir la estructura original, pulir la exposición, asegurar la eficacia y ganar confianza. Es el momento ideal para refinar y ajustar todos los elementos de la presentación. Resulta un tanto desagradable, por ejemplo, que en mitad de la presentación nos encontremos con un equipo de proyección cuyo funcionamiento desconocemos.

Éstas son algunas de las ventajas y *posibilidades* que ofrecen los ensayos:

- Tener una visión de *conjunto* de la totalidad de la exposición.
- *Vivenciar* la presentación.
- *Memorizar* con más precisión los contenidos.
- Clarificar las ideas y dar mayor consistencia a nuestra *argumentación*.
- Confirmar la adecuación de la *estructura*.
- Afianzar las *transiciones* entre los diversos contenidos y etapas.
- Practicar el *vocabulario* y familiarizarnos con los términos que vamos a emplear.
- Detectar las palabras, frases o etapas que requieren un especial *énfasis*.
- Practicar y revisar aspectos *no verbales* de la comunicación.
- Probar, practicar y confirmar la adecuación de los *apoyos audiovisuales*.
- Estimar y ajustar mejor la *duración* de la presentación.
- *Automatizar* todo el proceso de exposición.
- Ganar confianza y *seguridad*.
- Reducir los *nervios* posteriores.

Conviene ensayar y repetir varias veces la presentación hasta terminar de pulirla. Haremos una preparación especialmente esmerada del *inicio* y la *conclusión*.

Ensayar de un modo especial

EL INICIO   LA CONCLUSIÓN

En general es aconsejable preparar la presentación con varios días de *antelación*. Podemos realizar varios ensayos y utilizar diferentes *alternativas* para mejorarlos:

- Primera exposición como ensayo *preliminar*.
- Grabación en una cinta *magnetofónica* para poder escucharla.
- Presentación delante de un *espejo* para visualizar «en directo» nuestra propia exposición.
- Grabación en *vídeo* para poder revisarla y analizarla posteriormente.
- Exposición delante de *amigos* y conocidos, que nos puedan aportar opiniones y consejos.
- Realización de la presentación *completa* en el mismo lugar y condiciones en los que está previsto hacerla.

Lo ideal es poder realizar el ensayo en condiciones lo más similares posible a la exposición real. Es conveniente conocer y «*tomar posesión*» del lugar en que se va a realizar la presentación. Ver las características y condiciones de la sala, el aforo, la distribución y las posibilidades del espacio, la disposición de los apoyos audiovisuales, la ubicación de asientos, puertas, ventanas, la luminosidad, la acústica.

Lista de comprobación

Ponente:	Mesa. Silla. Micrófono. Vaso y agua.
Asientos:	Número. Comodidad. Disposición. Visibilidad. Mesas para escribir.
Pizarra-Rotafolios:	Rotuladores de colores. Borrador. Hojas en blanco.
Audiovisuales:	Medios. Disponibilidad. Ubicación. Visibilidad. Funcionamiento. Conexiones. Enchufes, alargadores. Pantalla de proyección. Repuestos. Personal técnico de apoyo.
Materiales:	Folios, bolígrafos, carpetas. Documentación disponible. Calidad de impresión. Correcta encuadernación.

Condiciones ambientales:	Ventanas, ventilación.
	Iluminación.
	Temperatura.
	Ruidos.
	Salas contiguas.
	Aseos.
	Cafetería.

8

NERVIOS
CON TRANQUILIDAD

«Algunos se equivocan por temor a equivocarse.»

GOLTHOLD EPHRAIN LESSING

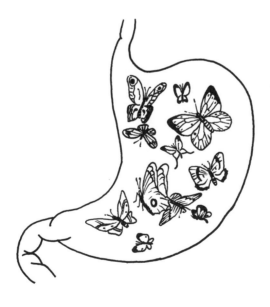

EL MIEDO, ENEMIGO DEL ORADOR

El acto de hablar en público ocupa el primer lugar en muchas estadísticas referidas a los elementos o situaciones que producen *pánico* y temor a las personas, por encima incluso del miedo a las serpientes o el miedo a volar en avión.

Es lógico que se produzca una elevación del nivel de *tensión* a la hora de hablar en público. Los nervios estarán presentes con toda probabilidad. Ante una situación que requiere de una especial atención o respuesta, el organismo suele producir una descarga de *adrenalina* que le activa y le ayuda a responder adecuadamente, y puede ser transformada y utilizada como fuente extra de *energía* a favor de nuestra presentación. Es en definitiva una **respuesta adaptativa** del organismo que le predispone a actuar, y que no debe ser confundida con falta de capacidad o confianza.

Incluso los oradores más expertos sienten nervios y lo asumen como algo natural. Tan sólo es una señal de aviso, un indicador de que el organismo se *predispone* a la acción. El arte está en *disimularlos y manejarlos* eficazmente, poniéndolos a disposición del discurso. Pero cuando su *intensidad* o su *duración* exceden de un límite razonable, pueden afectar seriamente a la eficacia de la presentación.

Probablemente la exposición saldrá mejor si se han sentido nervios previamente. Es preciso *aceptar* el nerviosismo sin obsesionarse. Si se *canalizan* los nervios adecuadamente podremos utilizarlos a favor de la ponencia, como una herramienta más. Su intensidad suele ser mayor al inicio del discurso para ir decreciendo posteriormente.

Podemos aproximarnos a las definiciones y descripciones de varios *conceptos* que forman parte de la terminología, relacionada con el tema, más usualmente utilizada. Términos como angustia, ansiedad, fobia, nervios, miedo, temor o pánico, presentan diferencias, pero manifiestan síntomas en algunos casos bastante similares, aunque con variaciones en su intensidad.

Aproximaciones terminológicas

- *Angustia:* normalmente se habla de angustia para referirnos a un estado de inquietud extrema, sin causa precisa, ante un peligro no definido. Se produce en la persona una sensación de impotencia ante una amenaza indefinida, vaga, indeterminada o inexplicable. Presenta un importante componente somático, con diversos síntomas, como palpitaciones, taquicardia, dificultad para respirar, temblores, sudoración.

- *Ansiedad:* es un estado de agitación, intranquilidad, inquietud, que presenta un importante componente psíquico. Supone un temor anticipado referido a un peligro futuro de origen incierto. Surge una sensación de indefensión y falta de control sobre determinados sucesos futuros. Los síntomas incluyen tensión muscular, sudor en las palmas de las manos, molestias estomacales, respiración entrecortada, taquicardia.

- *Aprehensión:* figuraciones, ideas u opiniones infundadas o extrañas. Recelo y temor ante la posibilidad de poder hacer o decir algo que pueda resultar inoportuno, equivocado o perjudicial.

- *Estrés:* se entiende por estrés un proceso generador de tensión, que incluye componentes diversos, físicos, químicos y emocionales. Tras la reacción inicial de alarma, el organismo se prepara para responder adecuadamente; se produce un aumento del ritmo cardiaco y respiratorio, un mayor nivel de azúcar en sangre, transpiración, dilatación pupilar. Si la intensidad de los síntomas es demasiado elevada, el sujeto no es capaz de reaccionar, o los síntomas se prolongan en el tiempo, el sujeto puede acabar enfermando.

- *Fobia:* temor angustioso y obsesionante, acompañado de una aversión o miedo interno y persistente, referido exclusivamente a una situación, objeto o actividad, y en presencia de éste. El sujeto manifiesta síntomas de ansiedad desproporcionados en relación con la situación real: taquicardia, molestias gástricas, náuseas, diarrea, micción, sensación de ahogo, enrojecimiento de la cara, temblor, desmayo, incremento de transpiración. La persona es consciente de que su miedo no es racional, pero aun así la fobia limita a la persona en su actividad normal.

- *Miedo:* supone una perturbación del ánimo por un riesgo o un daño que puede ser tanto real como imaginado. Existe un recelo por parte de la persona de que le pueda suceder algo en contra de su voluntad.

- *Nervios:* es el término genérico con el que solemos referirnos a un estado de cierta inquietud, activación, alteración, excitación e intranquilidad.

- *Pánico:* es un estado de miedo o temor muy intenso.

- *Temor:* el temor conlleva una alteración del ánimo que moviliza al sujeto para escapar de situaciones o rechazar cosas que puedan resultar peligrosas, arriesgadas o perjudiciales, tanto en el presente como en el futuro.

Los síntomas

En la oratoria las manifestaciones fisiológicas más comunes son:

- Aumento del ritmo *cardíaco*.
- Enrojecimiento *facial*.
- *Respiración* alterada.
- *Temblor* de las manos.
- *Sequedad* en la boca.
- *Sudoración* en las palmas de las manos.
- Presión en el *estómago*.

En el ámbito de la comunicación *no verbal* hay una serie de movimientos o tics que también delatan el nerviosismo:

- *Moverse* excesivamente.
- *Temblarle* la voz.
- *Rascarse* la nariz, el pelo, las orejas, el cuello.
- *Taparse* la boca.
- *Evitar el contacto visual.*
- *Golpear* con el bolígrafo sobre la mesa.
- *Doblar* o *arrugar* las anotaciones.

El origen

Normalmente el bloqueo surge por algún factor o causa específica, o por la confluencia de varios factores. Entre ellos podemos destacar los siguientes:

- Miedo a que nuestro interior, nuestra intimidad, quede al descubierto.
- Sensación de incapacidad para responder de forma eficaz al requerimiento de la tarea.
- Comisión de algún error.
- Clima adverso.
- Pensamientos y actitudes negativas.
- Temor a que queden al descubierto nuestras carencias, defectos, limitaciones.
- Miedo a perder el control.

El *pensamiento* desempeña un papel fundamental. Cuanto más nos invada la idea de que el pánico se va a apoderar de nosotros, mayor probabilidad tenemos de perder finalmente el control.

La expectativa positiva sobre el resultado de nuestro discurso y sobre la aceptación que va a tener la ponencia suele contribuir al éxito de la misma.

En el trasfondo del miedo a hablar en público está nuestra propia inseguridad, el miedo al ridículo. El temor a equivocarnos es con frecuencia causa de muchos errores. Debemos mostrarnos con naturalidad, tal como somos, y actuar confiando en nuestra propia valía personal y en el valor de nuestro discurso.

El hecho de sentir cierta tensión es algo natural que no justifica en todo caso hacer a la audiencia partícipe de nuestros nervios. Son sensaciones internas que el auditorio probablemente no percibe, ni tiene por qué conocer. Lo más habitual es que desaparezca en pocos minutos una vez iniciado el discurso.

Manifestar ante el auditorio que se está nervioso muestra cierta falta de dominio y experiencia en la oratoria, mientras que por otra parte no suele contribuir a tranquilizar finalmente al ponente.

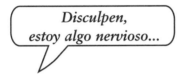

*Disculpen,
estoy algo nervioso...*

Nadie está tan pendiente de nuestros nervios como lo estamos nosotros mismos. Ahí suele radicar gran parte del problema. Decir abiertamente que estamos algo nerviosos es en realidad una muestra de falta de *empatía*. ¿Nos gustaría a nosotros ver a un presentador nervioso?

Resulta incómodo ver a una persona intimidada por sus propios nervios. La clave está en no pensar tanto en nosotros y en recordar de nuevo que lo realmente importante es nuestro auditorio y nuestro discurso. Si somos capaces de escucharles, recibir sus señales y entregarnos por entero al discurso, tendremos el éxito prácticamente asegurado.

CONTROLAR LOS NERVIOS

Entre las estrategias y técnicas básicas para el control de los nervios cabe destacar las siguientes:

- *Pensamiento positivo:* dirigir el pensamiento hacia ideas positivas, que generen e incrementen la confianza en nosotros mismos.
- *Autoconcepto positivo:* posibilitar el autoconocimiento, conocer con realismo tanto nuestras cualidades como nuestras limitaciones —intelectuales, físicas, personales— y apoyarnos en las primeras para compensar y superar las segundas. La autoconfianza y la autoestima crecen con un autoconcepto realista y positivo.
- *Relajación física:* ejercicios de respiración y relajación, que pueden contribuir a reducir el componente fisiológico.
- *Preparación:* el hecho de haber preparado adecuadamente y de haber ensayado en varias ocasiones la exposición, reduce de una manera muy importante la posibilidad de verse afectado por los nervios y sufrir un bloqueo.

Veamos un amplio listado con algunos consejos especialmente útiles para *reducir los nervios* y limitar su posible influencia:

- *Preparar* adecuadamente la presentación.
- *Dominar* bien el tema del que se habla.
- *Practicar*, realizar varios ensayos.
- Preparar especialmente bien las *primeras palabras* del discurso.
- Confirmar que llevamos todo el *material* necesario.
- Llegar con *puntualidad*.
- Adecuar el *espacio* de la presentación.
- Disponer de un *guión o de anotaciones*.
- Pensar en *positivo*.
- Incrementar la *autoconfianza*.
- *Relativizar* la importancia de la situación y de la audiencia.
- Mirar a algún *asistente* que asienta con la cabeza o sonría.
- Adoptar una *postura* que resulte cómoda, sentado o de pie.
- Mantener el *contacto visual* con la audiencia.
- Utilizar técnicas sencillas de *relajación*.
- Rebajar tensión en *hombros, cuello, espalda, frente*.
- *Respirar* lenta y profundamente.
- Hablar *despacio*.
- Introducir breves *pausas* que nos permitan recuperar la serenidad.
- Beber *agua* durante la ponencia.
- Utilizar ropa *cómoda* que no dificulte la respiración.

El hecho de haber *ensayado* previamente la presentación varias veces hasta afianzarla, unido a la *confianza* en nosotros mismos y a la convicción de que vamos a salir airosos, son dos de los mejores antídotos para combatir los nervios durante la misma. Tener confianza en la propia capacidad para desarrollar con éxito la exposición es un arma muy poderosa.

Repartir la *mirada* entre la audiencia resulta ser una excelente manera de encauzar la situación, tomar las riendas del discurso y mostrar decisión. El orador que esquiva la mirada durante su alocución parecerá más nervioso, inseguro y mucho menos creíble. Las personas que asisten a su ponencia intentarán evitar también el contacto visual. De este modo, probablemente dedicarán más atención a otros detalles; por ejemplo, a fijarse en si al ponente le tiemblan o no las manos, o si muestra otros indicadores de nerviosismo.

Algunas estrategias que aparentemente ayudan a reducir los nervios pueden resultar *inadecuadas*. Por ejemplo, tomar alguna bebida o tranquilizante cuyos efectos en nuestro organismo no hemos constatado previamente o no podemos calcular. Eso supone asumir un riesgo innecesario.

En el caso de un tranquilizante, podría reducir el nivel de tensión pero también puede anular ese nivel de activación mínima necesaria que comentábamos al principio.

Otra estrategia de relativa eficacia es depender de algún tipo de amuleto de la «suerte» que podríamos perder, o haber dejado olvidado en el taxi justo antes de la presentación.

Para concluir, una reflexión sobre el *exceso de confianza*. Con frecuencia, cuando se logran reducir los nervios, se suele bajar la guardia, con el consiguiente peligro de cometer errores. Esto es más probable que ocurra en mitad de la presentación, pero muy especialmente en la conclusión. En el caso de oradores con cierta experiencia, su exceso de confianza les puede afectar igualmente en este sentido.

EL COMPONENTE EMOCIONAL

Tal y como hemos comentado, el bloqueo que sufren algunos oradores durante su exposición en público, normalmente es producto de la activación y puesta en marcha de un mecanismo de defensa y protección, ante una situación que resulta extraña, difícil o adversa. Sin embargo el mecanismo que se desencadena no sólo resulta en general ineficaz, sino que incluso puede llegar a ser contraproducente.

Manejar las emociones en la oratoria requiere, por parte del orador:

1. *Autoobservación:* un control emocional eficaz debe comenzar por aprender a reconocer e identificar las propias emociones. Conocer nuestros propios sentimientos, deseos y temores, afectos y odios, observar

cuándo y por qué surgen, cómo y durante cuánto tiempo perduran en nosotros, y de qué modo y por qué motivo disminuyen o desaparecen.

2. *Autocontrol:* controlar las respuestas emocionales, y dirigir adecuadamente su expresión. Calmar los nervios o la excitación, reducir la ansiedad, dominar el entusiasmo o la ira, contener la tristeza o la alegría. Nuestros actos y conductas, nuestros gestos y movimientos, no deben contradecir el contenido de nuestras palabras.

3. *Automotivación:* hacer crecer en uno mismo la motivación, controlando y manejando las propias actitudes y sentimientos para que finalmente logren fluir y converger adecuadamente, dotando al discurso de autenticidad. Esto nos permitirá lograr con más eficacia captar la atención, mantener el interés, despertar el deseo y mover a la acción a los oyentes.

4. *Empatía:* ser sensible y estar receptivo para poder observar, reconocer y entender las emociones ajenas. Es necesario para ello aprender a leer los indicadores que desvelan el estado de ánimo y las emociones de la audiencia —gestos, movimientos, palabras.

5. *Conexión:* controlar y conectar adecuadamente nuestras emociones y las de los oyentes. Buscar el contagio, la convergencia y la sintonía emocional con la audiencia, a través de nuestra comunicación verbal y no verbal. Si el orador es capaz de conectar se convierte en un modelo al que imitar, en un espejo donde los oyentes ven reflejadas sus emociones, sus sentimientos.

Nuestra tranquilidad, serenidad, seguridad, nuestro moderado entusiasmo, conectarán con la audiencia, despertando en ellos sensaciones similares. La conexión emocional no debe ser algo artificial, sino partir de emociones auténticas, pero también de un adecuado manejo y expresión de las mismas, habilidades que suelen ser especialmente dominadas por los actores.

9

INICIO
PARA EMPEZAR...

«*Remedia al principio.*»

Ovidio

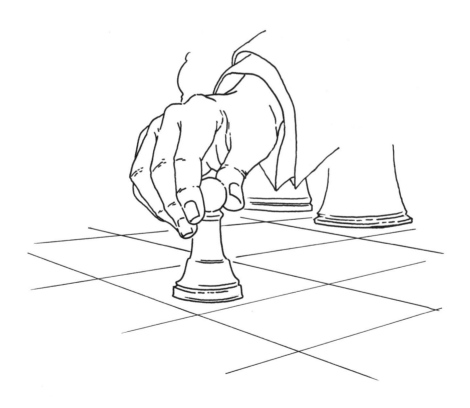

COMENZAR CON BUEN PIE

Es muy cierto el dicho de que no hay una segunda oportunidad para causar *una primera impresión*. Está sobradamente justificada la necesidad de cuidar especialmente el inicio de la intervención. Un mal comienzo resulta difícil de enmendar. Sin embargo, un adecuado inicio de intervención predispone favorablemente al auditorio y nos ayuda a ganar seguridad y confianza, haciéndonos mucho más fácil el desarrollo posterior del discurso.

Antes de realizar la presentación hay que cuidar algunos aspectos.

De entrada es conveniente *comer* con suficiente antelación y, a ser posible, algo ligero. Una comida copiosa y una digestión pesada puede reducir el nivel de activación y de energía disponible.

En cuanto a las *bebidas*, tomar productos lácteos puede producir flemas y entorpecer el movimiento de las cuerdas vocales. Las bebidas estimulantes tampoco son aconsejables, puesto que pueden incrementar aún más un nivel de activación elevado ya de por sí. En el caso de las bebidas gaseosas, los gases que incorporan pueden jugarnos una mala pasada durante la exposición. Por su parte, las bebidas alcohólicas, lejos de relajarnos, pueden reducir notablemente nuestra capacidad de respuesta y el control sobre nuestra conducta. Lo más aconsejable es beber agua sin gas o, en todo caso, algún zumo.

Es preciso llegar con antelación suficiente y *revisar* que todo está en orden: la sala y la distribución del mobiliario, los materiales, los apoyos audiovisuales, etc.

Ha llegado la hora de comenzar la presentación. El *aforo* puede o no estar al completo. En caso de que haya pocos asistentes y estén dispersos por la sala, se les puede solicitar que por favor ocupen los asientos de las primeras filas, formando un pequeño grupo que dará un aspecto menos desolado a la presentación.

Llegado el momento de la *presentación del ponente,* se puede hacer alguna referencia a nuestra formación y experiencia, así como a nuestros conocimientos acerca del tema objeto de la presentación. Si nos va a presentar otra persona, conviene acordar con él los términos de la misma para evitar confusiones o rectificaciones nada más empezar: nombre, apellidos, profesión, cargo, etc.

Hay que recordar aquí lo dicho respecto al control de los *nervios*. Debemos aclarar suavemente la *garganta*. Podemos ajustarnos discretamente la corbata y alisarnos el traje o el vestido antes de ponernos de pie. Debemos recolocar y revisar toda nuestra imagen: peinado, ropa, botones, etc.

Para propiciar un buen comienzo, podemos arrancar con una cierta serenidad y tranquilidad premeditada. El inicio podría incluir una *secuencia* parecida a la siguiente:

- Breve *pausa* inicial mirando a la audiencia mientras se hace el silencio.
- Leve *sonrisa*.
- *Saludo* cordial.
- *Presentación* personal.
- *Agradecimiento*.
- *Mención especial* a instituciones, personas, colectivos.
- *Comentario* general que introduzca el tema.

Nuestras primeras palabras deben mostrar cortesía. El saludo debe ser cordial, afectuoso, directo y sincero.

En la parte final de esta introducción podemos hacer también mención de varios *aspectos* que enmarcan la exposición, aclaran posibles dudas y reducen el grado de incertidumbre en los asistentes:

- *Título* de la charla.
- Tema y *contenidos*.
- *Objetivo* de la exposición.
- *Duración* y descansos.
- Posibilidad de *participación*. Turno de preguntas.
- *Documentación* complementaria.

Dada la delicadeza e importancia del inicio, las *primeras frases* deben estar especialmente seleccionadas y ensayadas. El éxito inicial contribuirá a que el resto discurra de forma mucho más fluida.

Es importante que la audiencia siga desde el principio el hilo del pensamiento del ponente. Y, en ocasiones, será igualmente necesario enlazar nuestra ponencia con alguna intervención previa que se haya producido, introduciendo al inicio algunas palabras que de algún modo puedan servir de nexo. Cuando se produce una sucesión de intervenciones, puede causar muy buen efecto comenzar refiriéndose a algún contenido citado en las anteriores exposiciones. El público constatará cierta continuidad y uniformidad dentro de un marco más amplio de contenidos.

Al inicio hay que crear cierto grado de expectación. Debemos transmitir interés, entusiasmo, energía, a la vez que preparación y conocimiento del tema. En esta fase es especialmente importante partir de las necesidades y motivaciones de la audiencia, crear un *clima* propicio para el discurso, *motivar*, captar la *atención* y *centrar* a los asistentes en el tema.

Algunas alternativas para iniciar la alocución son:

- Proponer una *idea*.
- Contar una *anécdota*.
- Plantear una *pregunta* retórica.
- Relatar una *experiencia* personal.
- Expresar una *frase* o un lema.
- Mencionar una *cita* de algún personaje célebre.
- Aportar algún *dato*.

Un objetivo primordial en este momento será captar la *atención*. Al inicio del discurso el público suele estar, en general, predispuesto a prestar atención. Para lograr *mantenerla y recuperarla* durante el posterior desarrollo de la exposición, podremos utilizar diversos recursos:

- Cambiar nuestra *posición*.
- *Movernos* entre la audiencia.
- Modular la *voz*.
- Formular *preguntas*.
- Ofrecer alguna *información* sorprendente.
- Pedir a la audiencia que tome alguna *nota* o recuerde algún dato.
- Utilizar el *humor*.
- Mostrar un *objeto* real o una maqueta.
- Realizar una *demostración*.
- Hacer un ejercicio o una *práctica*.

- Pedir *opiniones*.
- Suscitar el *debate*.
- Anticipar alguna *sorpresa*.
- Realizar un *descanso*.

10

VOZ
¿ME ESCUCHAN CON CLARIDAD?

«Si domas un caballo a gritos, no esperes que te obedezca cuando le hables.»

DAGOBERT D. RUNES

IMPORTANCIA DE LA VOZ

La voz es un elemento característico de la persona, una cualidad que nos ofrece información sobre aspectos muy concretos del individuo:

- *Personalidad.*
- *Características —sexo, edad aproximada, procedencia.*
- *Actitud.*
- *Estado de ánimo.*

Por la voz podemos distinguir si una persona está alegre, asustada, enfadada, bromeando, segura, triste. Se trata de un elemento tan propio y peculiar que es elegido por los imitadores, y trabajado con esmero, cuando desean captar y reflejar la esencia de un personaje determinado.

La pronunciación es un elemento clave del discurso. Podemos educar la voz para ganar en claridad y en calidad, para hacerla más agradable, y para que su emisión sea más fácil.

La voz, además de escucharse, debe entenderse. Pronunciar de forma adecuada aporta a la transmisión del mensaje claridad, precisión, nitidez y comodidad.

De poco nos servirá un excelente despliegue de contenidos durante la exposición si la audiencia no *escucha* con suficiente claridad lo que decimos. Es importante el *qué* se transmite, pero no menos importante resulta el *cómo* se hace. Debemos hablar alto y con seguridad, intentando vocalizar. Podemos modular la voz para enfatizar determinados contenidos, variando la entonación en distintas partes del discurso.

El *dinamismo* en la voz y el lenguaje puede suponer aproximadamente un tercio de la eficacia de la presentación. A través de la voz podemos *transmitir* entusiasmo, sinceridad, seguridad, dominio del tema.

ALGUNAS PRECISIONES TERMINOLÓGICAS

Conviene realizar algunas *precisiones terminológicas* previas, y delimitar aquellos aspectos de la utilización de la voz que debemos atender de forma especial:

- *Volumen:* intensidad de la voz y de los sonidos.

- *Tono,* inflexión de la voz y forma especial de decir una cosa, según sea la intención o el estado de ánimo del que habla; el tono puede diferenciar una pregunta, una afirmación, una orden, una exclamación, una súplica, un reproche.

- *Entonación:* modulación de la voz que puede reflejar diferencias de sentido, de intención, de emoción y de origen del hablante; la entonación es la secuencia sonora de tonos con que se emite el discurso y que puede contribuir a dotarlo de un significado particular.

- *Modulación:* variación en el modo de hablar, en el tono, en la velocidad.

- *Velocidad:* rapidez en la emisión de palabras, ligereza en el habla, cantidad de fonemas, palabras, por unidad de tiempo.

- *Ritmo:* combinación y sucesión armoniosa y agradable de sonidos, frases, pausas.

- *Timbre,* modo propio y característico de la voz de una persona.

- *Pronunciación:* acción de emitir y articular sonidos para hablar; resaltar, acentuar, destacar.
- *Articulación:* posición y movimiento de los órganos de fonación para lograr una vocalización y pronunciación más clara y diferenciada de las palabras.
- *Proyección:* lanzamiento y dirección de la voz hacia delante y a distancia.
- *Energía:* transmisión de confianza y seguridad.
- *Pausas:* interrupciones y detenciones breves y voluntarias.

Nos detendremos en algunos de ellos para analizarlos con más detalle.

MANEJO Y CUIDADO DE LA VOZ

En lo referente al **volumen** de la voz, en general es mejor pecar por exceso que por defecto. Un discurso que no se oye es un discurso perdido, un derroche de tiempo y esfuerzo malgastado. No sólo se pierden los contenidos sino también el interés.

Los fallos en cuanto al volumen pueden ser tanto por defecto como por exceso. Mientras el hecho de bajar el volumen de la voz puede denotar inseguridad o desinterés, hablar excesivamente alto resulta irritante para algunas personas y, lejos de transmitir seguridad, puede llegar incluso a resultar agresivo. No es necesario gritar para atraer y mantener la atención del auditorio.

Resulta adecuado variar voluntariamente el volumen de la voz. Un sonido profundo y resonante puede captar eficazmente la atención y multiplicar el impacto de una idea. Y también podemos conseguir un efecto similar con un susurro.

Es bastante frecuente relajar la voz justo al final de las frases, dificultando así que se puedan escuchar y entender las *últimas palabras*. Hay que cuidar mucho este aspecto, y tener presente también que una sala llena de público requiere de un volumen más elevado, ya que gran parte del sonido es absorbido.

Al *proyectar* la voz debemos pensar especialmente en las personas que se encuentran al final de la sala. La voz suele ser más potente si hablamos en posición erguida, de pie. En general adecuaremos la voz a las características de la sala, a su acústica, al número de personas presentes en la misma y la distancia a la que se encuentran.

Hay que estudiar la posibilidad y oportunidad de utilizar un *micrófono*. Hay micrófonos discretos, de solapa, sin cables, que nos permiten movilidad, no distraen la atención y no resultan aparatosos. La distancia entre nuestra boca y el micrófono debe ser adecuada, y con este tipo de micrófonos normalmente se mantiene estable en todo momento. Debemos tener cuidado para evitar golpearlos accidentalmente, lo que podría provocar ruidos molestos o extraños. Y evitar dirigir la voz directamente hacia el micrófono, lo que podría elevar momentáneamente el volumen.

Al *modular* la voz modificamos el tono y la velocidad, y evitamos caer en la monotonía que podría conducir al aburrimiento, que es el gran enemigo de la oratoria.

En la *entonación* ajustaremos inicialmente el tono, con una mayor o menor elevación del sonido, eligiendo el más cómodo y adecuado de modo que podamos bajar o subir posteriormente con facilidad. Las variaciones de tono nos permiten enfatizar algunas ideas y palabras importantes.

La *velocidad* es un elemento especialmente importante. Un exceso de rapidez puede interpretarse como nerviosismo. Demasiada lentitud puede aburrir o transmitir inseguridad. Hay que adecuar la velocidad, que en general será más lenta de lo que sería en una conversación normal. Y debe ser especialmente lenta al inicio, para que el oyente se adapte a nuestra forma de expresarnos y nuestro tono de voz. También conviene hablar más despacio para subrayar las ideas clave, así como al pronunciar las frases finales del discurso, cuando éste va a concluir.

La **pronunciación** y **articulación** de vocales, consonantes y sílabas debe dotarlas de suficiente claridad y distinción para que el discurso sea plenamente inteligible. Los principales errores proceden de una pronunciación descuidada, cuando hablamos entre dientes, alargamos excesivamente las vocales, o «nos comemos» alguna parte de la palabra o el final de la frase.

Para mejorar la *vocalización* será preciso tensar especialmente los músculos de la lengua, labios, rostro y mandíbula, abriendo y ensanchando la boca con más intensidad de lo que lo haríamos en una conversación normal. Podemos alargar las vocales e intensificar las consonantes, mejorando sensiblemente la dicción.

Es posible que la voz se utilice también inadecuadamente porque emitamos sonidos nasales. Éstos deben quedar reducidos a las consonantes m, n y ñ. Tapando con el índice y pulgar los orificios nasales y pronunciando todo el abecedario, podemos notar cierta vibración en los dedos con estas tres letras. Si la vibración se extiende a otras letras del abecedario eso nos indica que estamos *nasalizando*.

Hacer *prácticas* en privado ayuda a perfeccionar estos aspectos que hemos tratado. La lectura de un mismo fragmento variando la intensidad de la voz, la entonación o el énfasis, nos demostrará las grandes posibilidades de la voz, así como los diferentes efectos que se pueden lograr haciendo un uso adecuado de las mismas.

Finalmente, la *grabación* y posterior audición del discurso nos permite analizar muchos aspectos relativos a la utilización de la voz que podemos mejorar. Probablemente nos sorprenda escuchar con la precipitación o la parsimonia con que nos expresamos. O igual descubrimos un extraño *carraspeo nervioso* del que no éramos conscientes, y que desmerece y resta calidad a nuestro discurso.

Los *consejos* más habituales relativos al cuidado y conservación de la voz son los siguientes:

- Evitar contrastes y cambios bruscos de *temperatura y de humedad*.

- Evitar el *frío o calor* excesivos, bebidas excesivamente frías o calientes.

- Evitar el *tabaco*, el *alcohol*, los ambientes excesivamente cargados.

- Realizar la respiración por la *nariz*, especialmente la inspiración.

- No abusar del uso de la voz. Evitar el *esfuerzo, hablar en exceso, gritar*.

- Procurar *hablar lo mínimo* durante la hora previa al discurso.

11

LENGUAJE Y VOCABULARIO
EL VALOR DE LA PALABRA

*«La palabra es mitad de quien la pronuncia,
mitad de quien la escucha.»*

MICHEL EYQUEM DE MONTAIGNE

USO ADECUADO DEL LENGUAJE

El lenguaje es la principal herramienta de la oratoria. A través del lenguaje podremos lograr una comunicación directa y sencilla con la audiencia. La *claridad* en la expresión es una cualidad que añade fuerza al discurso.

Generalmente, la *sencillez* triunfa. Aunque dependerá del contexto, en general conviene hablar con naturalidad, como si estuviéramos conversando normalmente con un grupo de personas a las que conocemos.

El manejo adecuado de la voz unido a la utilización eficaz del lenguaje, nos permite mostrar:

- *Seguridad*, confianza.
- *Serenidad*, paz.
- *Sinceridad*, autenticidad.
- *Afecto*, entrega.
- *Control*, autocontrol.
- *Equilibrio*, flexibilidad.

En el uso del lenguaje debemos tener muy presentes los filtros y las *barreras* que pueden interferir la transmisión de contenidos entre el emisor —orador— y el receptor —su público—. La deformación o la pérdida de información pueden tener su origen en tres áreas diferentes:

- *Sensorial:* ruidos, lejanía, ambigüedad e imprecisión de estímulos.
- *Intelectual:* diferencias en lenguaje, vocabulario, idioma, conocimientos.
- *Psicológica:* prejuicios, estereotipos, actitudes de rechazo, cansancio.

Las palabras poseen un valor simbólico, ideológico. Están teñidas emocionalmente, marcadas por la experiencia y por el uso personal, social y cultural que de ellas hacemos. Muchas palabras nos evocan algo. Determinados vocablos despiertan y alimentan emociones y sentimientos en el oyente:

A la hora de seleccionar los términos a emplear debemos cuidar el vocabulario, y escoger aquellas que consideremos más adecuadas conforme al objetivo que perseguimos.

Debemos evitar en lo posible elevar el nivel de abstracción del discurso. Un lenguaje *concreto* facilita la comprensión y aporta precisión a los contenidos. Un buen orador es capaz de convertir en simple aquello que parecía muy complejo, en fácil aquello que resultaba casi imposible de entender.

No es aconsejable hacer una disertación *densa* que adormezca al auditorio y estimule sus bostezos. En palabras de Voltaire, «el secreto de aburrir a la gente consiste en decirlo todo». Debemos ajustarnos al tiempo disponible, decir lo importante, ser claros y concisos. En general, es preferible dar dos o tres ideas esenciales que se recuerden, que intentar desbordar la capacidad de asimilación y retención de los asistentes, y no agotar su paciencia.

«Un discurso en positivo es un discurso que triunfa»

La utilización del lenguaje en *positivo* suele garantizar el éxito de la mayoría de los discursos. El requisito previo es, lógicamente, un pensamiento positivo. Centrarse más en las *ventajas* que en las limitaciones, en las *cualidades* más que en los defectos, en las *soluciones* más que en los problemas.

Ya sea voluntaria o involuntariamente, nuestro pensamiento acaba tarde o temprano convertido en palabras. Nos proyectamos en nuestra forma de hablar. El uso de términos negativos dentro del discurso debe ser analizado y reconvertido. Cada vez que aparezca la palabra «no» podemos replantearnos la frase para ver si hay alguna posibilidad de transmitir lo mismo en positivo. Seguramente centrarnos en el afortunado «vaso medio lleno» aporte más a nuestro discurso que mencionar el exiguo «vaso medio vacío».

Podemos hacer un discurso *asequible* y poco solemne, adoptando una actitud más respetuosa y *humilde* que autosuficiente y arrogante, por mucha convicción que tengamos en los contenidos. Esa actitud es perfectamente compatible con la defensa firme y sólida de los propios puntos de vista.

Hay que evitar los *dejes*, las muletillas y el uso repetitivo de una misma palabra o expresión. El *vocabulario* ha de ser cuidado, sencillo, asequible y correcto. Debemos tener especial cuidado con el uso de términos excesivamente técnicos, grandilocuentes, desconocidos o molestos, limitando lo más posible su utilización. Los oradores que con su lenguaje y a través de su discurso intentan *impresionar*, habitualmente consiguen el efecto contrario.

Durante la fase de preparación resulta especialmente útil disponer y utilizar varios *diccionarios*, concretamente uno de la *lengua*, otro *enciclopédico* y otro de *sinónimos*. Podemos escribir previamente nuestro discurso hasta mejorar y pulir el lenguaje. A través del posterior análisis del lenguaje y del vocabulario podemos detectar:

- Qué palabras resultan difíciles de *entender*.
- Qué ideas se pueden transmitir de un modo más *sencillo*.
- Cómo se pueden *acortar* las frases.
- Qué términos son especialmente *negativos*.
- Qué palabras o expresiones pueden causar *rechazo*.

Es muy conveniente analizar y apreciar también con sentido crítico la utilización del lenguaje en los discursos de *otros oradores*. Seguro que aprenderemos mucho de las observaciones que hagamos, especialmente del efecto que produce en nosotros el uso por parte del orador de determinadas palabras y expresiones.

ALGUNAS CLAVES DE LA EXPRESIÓN ORAL

Proponemos a continuación un breve decálogo con algunos consejos esenciales que contribuyen a optimizar y pulir la expresión oral:

1. Hablar *despacio*, con calma; transmitir tranquilidad, serenidad.
2. Ajustar el *volumen* de la voz, adecuándolo al contexto de la presentación.
3. Establecer una *secuencia* adecuada, expresando las ideas de una en una.
4. *Seleccionar* el contenido; decir lo esencial, evitando intentar decirlo todo.
5. Adecuar *el vocabulario* a la audiencia; buscar claridad y precisión en los términos utilizados.

6. Cuidar la *entonación;* utilizar un tono adecuado, modular, remarcar ideas.

7. Realizar *pausas* para respirar, con una frecuencia adecuada; introducir breves silencios entre frase y frase.

8. Utilizar preferentemente *frases cortas;* las frases pueden tener aproximadamente entre diez y veinte palabras.

9. Cuidar, adecuar y destacar las *transiciones* entre los diferentes temas.

10. *Reformular* las ideas principales; resumir y remarcar los mensajes principales y las conclusiones.

12

LA AUDIENCIA
POR FAVOR...

«El cuerpo humano es el carruaje;
el yo, el hombre que lo conduce;
el pensamiento son las riendas;
y los sentimientos, los caballos.»

PLATÓN

PARTICIPACIÓN DEL PÚBLICO

Una estrategia importante de persuasión consiste en conseguir la identificación de los oyentes con el orador. Éste es en realidad un actor que representa un papel, pero debe conseguir también que su audiencia se sienta realmente protagonista de la escena, que lleguen a ser los actores principales de la obra. Esto se puede lograr dándole *participación*.

Para que la audiencia escuche, atienda, reciba y asimile el mensaje, debe tener sus sentidos dispuestos, su mente abierta, y su corazón predispuesto.

Conviene tener presente que la audiencia:

- Debe tener un interés previo, y, si no es el caso, será preciso despertar o activar en ella ese interés.
- Atenderá a aquellas cuestiones que le preocupan o interesan personalmente, las que más conexión tienen con su experiencia vital.
- Atenderá y entenderá especialmente aquello que responda a algo que se haya planteado o preguntado previamente.

El control de la audiencia es una gran responsabilidad para cualquier orador. La actividad de *control* implica realizar un seguimiento continuo, obteniendo información e interviniendo en consecuencia, permitiéndonos así llevar las riendas de la presentación. No se trata de adoptar una postura de dominio autoritario, sino más bien de poner en práctica el ejercicio legítimo de dirigir la presentación de un modo adecuado.

El control del público requiere que, a la vez que se está desarrollando nuestra exposición, vayamos recabando una *información* fluida y constante de la audiencia. Esa información de retorno, conocida como *feedback*, se obtiene principalmente a través de la observación del componente no verbal y del contenido expresado verbalmente por las personas que componen nuestra audiencia, cuando les formulamos determinadas preguntas o cuando intervienen de forma espontánea.

Normalmente, cuando se produce alguna intervención en mitad del discurso es con alguna *intención*:

- Solicitar la *aclaración* de una duda.
- Pedir que se *amplíe* alguna información.
- Aportar algún *dato* o información.
- *Rebatir* o mostrar desacuerdo.
- Manifestar una *queja*.
- Destacar o llamar la *atención*.

El reconocimiento de las intenciones, junto con las impresiones que recibamos sobre la personalidad de quien realiza la intervención, nos puede ayudar a manejar la situación mostrando aplomo, control, serenidad, decisión y acción.

Debemos aprender a deficientes interactuar con diversos *tipos* de personas. Encontraremos diversos caracteres y actitudes entre las personas que componen nuestra audiencia.

Veamos algunos de los casos más frecuentes, resumidos en una tipología estándar, acompañados de algún consejo general que será preciso adaptar a cada caso y contexto:

- *Positivo:* suele apoyar el discurso asintiendo con la cabeza; podemos solicitar su opinión con frecuencia. Generalmente será constructiva, y podremos apoyarnos en ella.

- *Ofensivo:* no debemos entrar en un enfrentamiento personal; con tranquilidad podemos dejar que pase inadvertida su intervención descortés y agresiva. En ocasiones es útil pedir opinión a los demás asistentes, que normalmente suelen dejar claro su rechazo a este tipo de posturas poco respetuosas.

- *Distraído:* integrarle, plantearle cuestiones, solicitar su opinión.

- *Tímido:* plantearle cuestiones sencillas, estimar y valorar su intervención, implicarle.

- *Locuaz:* impedirle que monopolice el discurso, aprovechar alguna de sus ideas, pero emplazarle a un momento posterior o al turno de preguntas. Poner de manifiesto el necesario reparto equitativo de intervenciones y de tiempos de participación.

- *Discutidor:* evitar enfrascarse en una discusión, aprovechar las diferencias de opinión para reforzar nuestros argumentos, y continuar con nuestro discurso.

Las estrategias básicas que facilitan y permiten un mayor control de la audiencia son:

- *El silencio.*
- *Las preguntas.*
- *La mirada.*
- *La cercanía física.*

Vamos a analizar cada una de ellas en los siguientes apartados, donde se detallan las técnicas y consejos relativos a la utilización de las pausas y los silencios, al manejo de las preguntas y a la comunicación no verbal.

13

PAUSAS Y SILENCIOS
...( )...

«El silencio es un tema tan bello que podríamos
estar hablando de él durante horas.»

JULES ROMAINS

EL VALOR DE LOS SILENCIOS

Saber manejar el *silencio* resulta especialmente difícil en una cultura como la occidental, en la que los espacios en blanco en mitad de un diálogo suelen crear cierta tensión.

En la oratoria, el silencio es uno de los elementos menos valorados y más difíciles de manejar. En manos de un orador experimentado, las pausas son un instrumento de indudable utilidad, tan valiosas como el propio discurso. Tal y como afirmaba Píndaro, lo que se silencia, con frecuencia, causa más impresión que lo que se dice.

Aunque el consejo vale también para las relaciones humanas, en la oratoria hay que *pensar primero* y *hablar después*. En realidad gran parte del secreto de la oratoria consiste en hablar mientras el cerebro va pensando qué es lo que vamos a decir a continuación. La mente va por delante, lo que evita que se produzcan lagunas o tiempos muertos artificiales, y nos da la opción de utilizar y manejar los silencios a voluntad, como un recurso.

Si en un momento dado nos quedamos *en blanco* y no sabemos como continuar, es preferible permanecer en silencio, miran-

«eeeh..., mmm..., estooo...»

do a la audiencia, antes que utilizar sonidos sin sentido, latiguillos o frases hechas de relleno, que acaban por emborronar el discurso. La mayoría de las personas entenderán que estamos buscando el vocablo apropiado.

Es fundamental *respirar* con una frecuencia adecuada, tomando aire en las pausas y al finalizar cada frase. Efectuar determinadas pausas en momentos adecuados no sólo facilita la respiración, sino que permite dar tiempo a la audiencia para entender el contenido, seguir el razonamiento y elaborar y retener la información.

Intercalar silencios breves nos permitirá:

- *Enfatizar* y subrayar determinados contenidos.
- Crear *expectativa*.
- Facilitar la *asimilación*.
- *Pensar*.
- Mostrar *reflexión*, confianza, tranquilidad.
- Conseguir un efecto *dramático*.

El hecho de realizar una pausa antes de pronunciar determinadas palabras hace que el significado de éstas cobre un especial interés. Tiene un efecto parecido al subrayado en el texto escrito, pero es necesario saber calibrar su *duración*. Cinco segundos de silencio, para un orador inexperto, pueden ser una eternidad. La experiencia nos ayudará a aprender a manejarlos adecuadamente. Si los prolongamos excesivamente pueden producir un efecto demasiado teatral y antinatural, e incluso llegar a aburrir o adormecer a la audiencia. De igual modo, hacer las pausas demasiado breves parece evidenciar cierta inseguridad o precipitación.

La propia ansiedad puede llevarnos a hablar en exceso o demasiado rápido, en un intento de decir todo cuanto teníamos preparado. Es necesario adecuar la *velocidad* del discurso. Según lo dicho, es conveniente que ésta sea más lenta al inicio y al concluir, así como en determinadas partes del mismo, especialmente en aquellas que se desean destacar o subrayar.

Por lo que se refiere a *cuándo* utilizar los silencios y realizar pausas, hay diferentes momentos del discurso en los que resultan especialmente adecuadas:

- Antes de *empezar* el discurso.
- Después de la *introducción* y antes de las *conclusiones*.
- Cuando se va a realizar una *transición* a un tema nuevo o diferente.
- Antes y después de introducir *nuevos conceptos*.
- Al mencionar una idea especialmente *importante*.
- Al utilizar *apoyos audiovisuales*, mientras se cambian transparencias o diapositivas.
- Al consultar las *notas* del orador.
- Después de *formular una pregunta* dirigida al público.
- Al terminar de *escuchar una pregunta* que nos formulan.
- Tras una *interrupción*, mientras recuperamos la atención del público.
- Antes y después de pronunciar las palabras de *despedida*.

Uno de los mayores regalos para el orador es el *aplauso*. El último punto de los que acabamos de citar hace referencia a una sencilla estrategia que contribuye a arrancar el aplauso del público. Consiste en hacer una breve pausa antes de pronunciar las palabras de despedida, y, una vez pronunciadas, dar las gracias y realizar una nueva pausa mientras se mira al público en silencio. El aplauso suele ser la consecuencia natural tras esa breve pausa.

14

PREGUNTAS
¿ALGUNA PREGUNTA?

«Hacer preguntas es prueba de que se piensa.»
RABINDRANATH TAGORE

EL VALOR DE LAS PREGUNTAS

Aunque a muchas personas les pueda sorprender, las preguntas son un *regalo* para la mayoría de los oradores. Muchos oradores se crecen especialmente durante el coloquio y el debate. Es el momento en el que dan lo mejor de sí mismos. Gracias a las preguntas que les plantean pueden clarificar algunos puntos importantes de su ponencia.

Las preguntas pueden poner de manifiesto que algunos contenidos no se han entendido o explicado adecuadamente, pero en general el *número* de preguntas es un buen indicador del *interés* suscitado por la charla. Normalmente se realizan preguntas cuando el tema ha llegado a *calar* entre la audiencia. Un público poco interesado no suele profundizar en el tema, por lo que podemos considerar que cuantas más preguntas nos formulen, más calidad ha tenido nuestra presentación y más confianza se tiene en nosotros.

El valor de las preguntas

- Son una demostración de *interés*.
- Permiten *enfatizar* algunos aspectos.
- Fomentan la *participación*.
- Ofrecen la posibilidad de *clarificar* y *repetir* conceptos clave.

- Contribuyen a mejorar la *retención* de contenidos.
- Aprovechan una *fase activa, viva e interactiva* de la presentación.
- En el turno de preguntas la audiencia suele prestar más *atención*.

SABER PREGUNTAR

La *participación* de la audiencia durante las presentaciones en público es uno de los aspectos más complejos, y a la vez más atractivos. Es un factor clave en el resultado de una presentación. Hacer partícipes a los demás supone implicarles, darles protagonismo. Podemos hacerles *vivenciar, decir, hacer, ver, opinar.* Es importante que las personas sientan que se les está teniendo en cuenta, que sus opiniones también son necesarias e importantes.

Algunos ponentes experimentados, tras las primeras palabras de introducción, plantean *preguntas* a la audiencia para conocer sus intereses, conocimientos, necesidades, dudas. Si el número de personas es elevado se les puede también solicitar que levanten la mano para manifestar su opinión sobre algún aspecto, o en respuesta a alguna cuestión planteada.

Podemos formular preguntas *retóricas* a la audiencia, de las que no esperamos realmente la respuesta, o preguntas *directas*, de las que sí esperamos una contestación.

Tras formular una interrogación debemos tener en cuenta que es necesario esperar algún tiempo para obtener la respuesta. Hay que dar tiempo para reflexionar sobre la misma. La inexperiencia y los nervios pueden llevarnos a precipitarnos y a responder nosotros mismos.

En ocasiones puede que la pregunta no se haya entendido, y sea necesario reformularla, cambiar algunos términos de la misma o matizar algún aspecto.

Al formular preguntas a la audiencia, las diversas formas de recibir las respuestas e intervenciones provocan un efecto muy diferente según los casos. La reacción negativa por parte del orador, cuando introduce excesivas matizaciones a la respuesta recibida, o niega su oportunidad, o resta valor a la intervención, produce un efecto especialmente perjudicial de cara a la participación posterior.

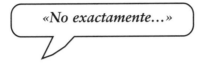

«*No exactamente...*»

Las intervenciones y respuestas deben ser valoradas y reconocidas positivamente, aun cuando en algún caso su contenido parezca poco pertinente o no se corresponda con lo que esperábamos.

Las *preguntas* dirigidas al público no deben utilizarse para poner en evidencia la ignorancia de las personas, sino fundamentalmente para:

- Despertar el *interés*.
- *Captar* la atención.
- *Dirigir la atención* en una dirección concreta.
- *Hacer reflexionar* sobre algún punto.
- *Obtener información* sobre el grado de conocimiento del tema.
- *Recabar algún dato* preciso.
- *Confirmar la eficacia* de una explicación o argumentación.
- *Fomentar la participación*.

APRENDER A RESPONDER

Los asistentes pueden realizar *preguntas* de forma voluntaria durante la exposición o al final de la misma, según se haya convenido al inicio. Las preguntas, lejos de ser una amenaza o una manifestación de hostilidad, suelen ser una valiosa aportación a las presentaciones. Puede ser una evidente demostración del interés que ha suscitado la exposición.

Una pregunta formulada por una persona recoge la duda de un porcentaje probablemente alto de la audiencia que no se ha atrevido a manifestarla en voz alta. La persona que pregunta representa de algún modo a una parte importante del auditorio que se plantea la misma cuestión.

De entrada, es conveniente dar a las preguntas que nos formulen un enfoque positivo y una interpretación adecuada. Puntualmente puede indicar que algún aspecto de la exposición no ha quedado suficientemente claro.

El turno de preguntas suele relegarse en muchos casos al *final* de la presentación por razones prácticas. Sin embargo resulta mucho más pedagógico ofrecer la posibilidad de ir resolviéndolas *durante* la propia exposición, lo que evita que se produzcan lagunas y zonas oscuras, y ayuda a mantener el interés y la participación de la audiencia.

A la hora de preparar las presentaciones, conviene *anticipar* las posibles preguntas, dudas u objeciones que puedan surgir durante la intervención. Para responder a las mismas conviene *prepararse* y abastecerse previamente de información suficiente, en forma de datos, definiciones, ejemplos, que contribuyan a clarificar los puntos tratados en menor profundidad durante la exposición.

Para *responder*, la estrategia puede ser la siguiente:

- Escuchar la pregunta sin interrumpir.
- Escribir alguna nota si procede.
- Tomarse unos escasos segundos para pensar y decidir la respuesta.
- Responder sin precipitación, con decisión y claridad.

Aun cuando conozcamos la respuesta, debemos mantener la calma y reflexionar antes de lanzarnos a dar respuestas rápidas. Debemos *ceñirnos* en lo posible a la pregunta y *aclarar* en lo posible la duda planteada, evitando las evasivas.

Podemos seguir algunas pautas generales:

* *Mirar* a la persona que formula la pregunta.
* *Escuchar* activamente.
* *Asentir* con la cabeza.
* Tomar alguna *nota*.
* Escuchar la pregunta hasta el final, *sin interrumpir*.
* Evitar las *reacciones negativas*, en la voz y la comunicación no verbal.
* *Interpretar* el sentido real de la pregunta.
* Hacer una *pausa*.
* *Reformular* la pregunta si es preciso.
* *Pensar* en la respuesta.
* *Responder* de forma breve y clara a la cuestión que se nos plantea.
* Evitar iniciar una *discusión* con la persona que nos plantea la cuestión.
* Al iniciar la respuesta, concentrarnos en la *persona* que formuló la pregunta.
* Mirar también al resto de la *audiencia*.
* Evitar *extendernos* en una sola cuestión.
* *Aplazar* la respuesta para un momento posterior de nuestra exposición.
* Si se *desconoce* la respuesta o el dato preciso solicitado, manifestarlo con naturalidad.

Una de las opciones planteadas consiste en *reformular* la pregunta. Esta estrategia nos permite:

* Asegurarnos de que el resto de la audiencia *escucha* la pregunta.
* Confirmar que la hemos *comprendido* correctamente.
* *Clarificar* el sentido de la misma.

- Darnos *tiempo* extra para pensar en la respuesta más adecuada.
- *Modificar* levemente el contenido para adecuarlo a nuestros intereses.
- Suavizar o *neutralizar* la posible carga negativa de algunas palabras.
- *Orientar* y abrir paso a nuestra respuesta.

15

COMUNICACIÓN NO VERBAL
GESTOS, MOVIMIENTOS...

*«Quien no comprende una mirada,
tampoco comprenderá una larga explicación.»*

PROVERBIO ÁRABE

IMPORTANCIA DEL COMPONENTE NO VERBAL

Diversas investigaciones muestran que aproximadamente el 93 por 100 de la comunicación de *actitudes* se transmite a través de aspectos no verbales de la comunicación, como el tono de voz, los gestos, el movimiento, mientras el contenido verbal repercute tan sólo en el 7 por 100 restante.

El componente *no verbal* de la comunicación será clave a la hora de transmitir e interpretar emociones y sentimientos. El cuerpo tiene su propio lenguaje. El orador se expresa en realidad con todo su cuerpo, y a través del mismo irradia energía, vida, fuerza. La voz, los gestos y los movimientos le permiten dar énfasis a su discurso.

Al analizar nuestra comunicación no verbal podemos prestar especial atención a los siguientes *aspectos*:

- *Contacto ocular.*
- *Gestos.*
- *Movimientos.*
- *Posturas.*
- *Distancia.*
- *Presencia física.*

La comunicación no verbal tiene un importante componente *involuntario* que la convierte en especialmente fiable. Si un mensaje resulta contradictorio a nivel verbal y no verbal, suele darse prioridad de forma casi automática e inconsciente al componente no verbal. La posible disonancia entre el pensamiento, el sentimiento, la palabra y la conducta no tarda en ponerse de manifiesto delante del público.

Coherencia

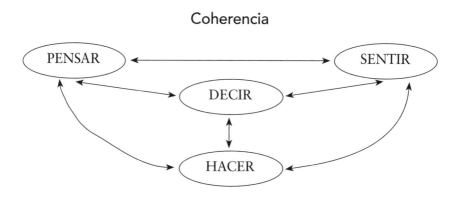

La *imagen personal* está en juego. La *presencia física* de quien habla en público es su tarjeta de presentación, antes incluso de que pueda expresar verbalmente contenido alguno. Un aspecto cuidado y *limpio*, así como una *indumentaria discreta, impecable y apropiada para la ocasión*, contribuirán a no distraer a los asistentes de lo esencial: el contenido del discurso.

PRINCIPALES INDICADORES NO VERBALES

Una imagen vale más que mil palabras. La mirada, los gestos de la cara, el cuerpo, los movimientos, el atuendo, el tono de voz, transmiten información muy valiosa. Transmitimos sensaciones, sentimientos, emociones, de muy diversa índole: tristeza, alegría, ira, miedo, sorpresa, rechazo, amor, vergüenza, etc.

Comunicación no verbal: sensaciones, emociones y sentimientos

Alegría	Tensión	Aburrimiento
Tristeza	Tranquilidad	Enfado
Sorpresa	Inquietud	Entusiasmo
Miedo	Sinceridad	Sueño
Rabia	Defensa	Convencimiento
Cólera	Indiferencia	Naturalidad
Dolor	Duda	Falsedad
Atención	Seguridad	Interés
Angustia	Placer	Rechazo
Vergüenza	Ira	Confusión

Los gestos y el lenguaje corporal desempeñan un papel fundamental. Los *gestos* y movimientos del rostro y de las manos expresan diversos estados de ánimo. Pueden ser voluntarios e involuntarios, y pueden apoyar, complementar, sustituir, matizar, enfatizar o contradecir el contenido expresado verbalmente.

Al gesticular, se aporta información visual sobre el contenido del lenguaje verbal y su significado, sobre el ponente y su grado de compromiso, su actitud y motivación, su seguridad, su estado de ánimo.

Revelamos también a través de los gestos nuestro grado de control sobre las emociones. Conviene evitar especialmente los gestos que indican nerviosismo, enfado, inseguridad, desagrado o incomodidad.

La indumentaria

Es evidente que no nos vestimos igual para asistir a una ceremonia oficial, para ir a la junta de vecinos, o para tener una reunión informal con los amigos. El valor de la *imagen* es notable en la oratoria. Debe cuidarse especialmente, dado que tiene importantes repercusiones. Puede llegar incluso a causar más impacto que el propio contenido del discurso, aportándole o restándole credibilidad.

La imagen pueden tener una importancia en el resultado del discurso que no siempre es suficientemente valorada:

- *Capta rápidamente la atención,* antes incluso de que el orador haya comenzado a dirigir sus palabras a la audiencia.
- *Es percibida de un modo global,* resultado de la suma de todo un conjunto de indicadores.
- *Es interpretada en el contexto global* de la comunicación, según el momento, la circunstancia, el lugar, etc.

Los detalles son importantes:

- La corbata, el cuello de la camisa, los botones de la chaqueta, que pueden estar o no abrochados, un llamativo detalle o color en un vestido.
- Los zapatos pueden estar más o menos limpios, abrochados, un calcetín caído o una carrera en la media.
- El brillo de los cristales de las gafas puede ofrecer reflejos.
- El pelo puede estar suelto o no, corto o largo, peinado o despeinado.
- La vestimenta puede estar acorde o en consonancia con la profesión y circunstancia, o resultar inadecuada para la ocasión.

Debemos utilizar *ropa* cómoda y sencilla, evitando adornos llamativos que puedan despistar. Tal vez no sea un buen momento para estrenar un traje, un vestido o unos zapatos, sino una ocasión para encontrarnos a gusto y mostrarnos naturales.

El color también es un elemento que transmite información. Un vestido o un traje oscuro con la chaqueta cerrada, acompañado de un pañuelo o una corbata discreta, da una presencia más formal y ofrece en general la imagen de una persona responsable, distinguida, sensible, segura. La ropa de color claro, con la chaqueta y el cuello de la blusa o camisa abiertos, ofrece una imagen más relajada, cercana e informal.

El rostro

Tal y como dice el refrán, la cara es el espejo del alma, el escaparate de nuestra persona, de nuestro carácter, de nuestro estado de ánimo, de nuestra vida. Las facciones del rostro también son un reflejo de nuestro perfil personal; muestran si somos equilibrados, inteligentes, nerviosos, seguros...

El rostro nos suele ofrecer la información más fiable. Diversos gestos nos pueden desvelar si la persona que nos habla está siendo sincera o está mintiendo. La cara contiene los ojos, las cejas y los labios, y aporta una valiosa información para interpretar correctamente el mensaje.

Cada uno de los rasgos de la cara nos aporta datos importantes: una mirada perdida, una cara que enrojece generalmente ante un sentimiento de vergüenza, o se torna blanca ante el miedo o el temor, unas cejas arqueadas y unos ojos especialmente abiertos que muestran sorpresa, etc.

La expresión del rostro debe transmitir mensajes acordes al contenido expresado verbalmente: el orador debe tener conciencia de sus pensamientos y emociones, saber controlarlos, dirigirlos y expresarlos adecuadamente. Eso resulta ser una tarea difícil si nos invade el bloqueo mental y la rigidez y el agarrotamiento físicos.

La mirada

Una de las claves de la efectividad de una presentación es el *contacto ocular* con la audiencia. Recibir la mirada del orador da sensación de confianza, competencia, sinceridad, honestidad y franqueza. Un ponente que evita el contacto visual transmite inseguridad, escasa preparación, nervios, falta de confianza y escaso compromiso con el contenido y con la audiencia. La mirada debe ser afectuosa, serena, y debemos aprender a dirigirla y mantenerla adecuadamente.

En algunos casos la presentación se hace en una gran sala llena de gente, y sólo es posible ver las caras de las personas de las primeras filas. En esos casos resulta especialmente útil dividir imaginariamente al auditorio en cuatro sectores o cuadrantes, y dirigir la mirada y el cuerpo a cada una de esas zonas alternativamente.

A modo de ejemplo sobre el valor de la mirada, cabe citar la anécdota del primero de los dos debates políticos televisados que se celebraron en España entre el entonces presidente del Gobierno, Felipe González, y el candidato de la oposición, luego futuro presidente, José M.ª Aznar. Se realizó a finales de mayo de 1993. En el resultado tuvo mucho que ver el hecho de que el primero evitó la mirada directa, cara a cara, con su oponente, dirigiéndose exclusivamente al moderador. En el subconsciente de la audiencia tal vez quedó un halo de inseguridad, de posible insinceridad, de huida ante los incesantes reproches que planteaba la oposición. Aun cuando el contacto visual no era más que un elemento más a tener en cuenta dentro del conjunto, es indiscutible que tuvo un gran peso en aquel encuentro. En el segundo debate se rectificó ese «pequeño detalle» y el resultado de las encuestas también lo reflejó con toda claridad.

Los movimientos

El movimiento excesivo del cuerpo o de los brazos y piernas suele entorpecer el discurso. Por el contrario, la *economía de movimientos* suele beneficiar al discurso. Si nos movemos demasiado podemos desviar la atención de la audiencia del contenido. Hay que mover el cerebro y las cuerdas vocales más que los brazos, las piernas o el cuerpo.

Determinardos movimientos o gestos pueden atraer en exceso la atención y despistar del contenido, e incluso molestar a algunos asistentes. Sin caer en una excesiva rigidez y sin convertirnos en una estatua parlante, podemos reducir los movimientos en lo posible, acompañando el discurso con leves movimientos poco expansivos que contribuyan a subrayar las partes más significativas de la alocución.

Algunos oradores apartan sus gafas de la cara, lentamente o con un gesto decidido, con lo que indirectamente también pueden lograr enfatizar o subrayar algún punto, o a veces desviar la atención del público.

Otros objetos sostenidos en la mano, como una estilográfica por ejemplo, pueden dar una cierta imagen de autoridad.

Cada gesto y cada movimiento van añadiendo información complementaria desde el inicio hasta la conclusión del discurso. Como hemos visto con anterioridad, cuando se va a *iniciar el discurso* es aconsejable levantarse y caminar con energía hacia el lugar donde nos disponemos a hablar, pero transmitiendo a la vez serenidad y tranquilidad, manteniendo la cabeza erguida y dirigir la mirada hacia el trayecto que vamos a recorrer, y al lugar al que nos dirigimos.

Al llegar al sitio donde se va a iniciar la ponencia tenemos que adecuar el espacio, colocar el material y ubicar adecuadamente los apoyos audiovisuales que vamos a utilizar. Haremos una pausa, durante la cual podemos respirar profundamente para aportar oxígeno al organismo, y relajaremos el cuerpo. A continuación podemos recorrer con la mirada al conjunto de la audiencia, sonreír amablemente, esperar a que se haga el silencio, saludar y empezar a hablar. Esta secuencia transmite habitualmente seguridad y confianza, y crea un ambiente distendido y tranquilo para la audiencia.

Las manos

Las *manos* pueden moverse con naturalidad, apoyando y enfatizando determinadas partes del contenido. Pueden dirigirse al atril, al borde de la mesa, mantenerse frente a nosotros, o sujetar con firmeza y tranquilidad los apuntes.

Cuando nos referimos al control de los *nervios* hicimos algunas observaciones sobre algunos movimientos que estaban especialmente contraindicados. No debemos elevar las manos por encima de la altura de los hombros, rascarnos, llevarlas a la boca, a la nariz, a las orejas, al cuello, al pelo, a los bolsillos, mover monedas o llaves, pulseras, dar golpecitos con el bolígrafo.

Un puño cerrado puede indicarnos ira, rabia contenida, agresividad.

Resulta en general poco conveniente agitar el *dedo índice extendido*. Es un gesto de autoridad que puede ser interpretado incluso como amenaza. Entre el colectivo de los políticos hay quienes no dudan en utilizarlo en sus discursos, a veces con insistencia, en un intento de reafirmar y dotar a sus ideas del poder que probablemente los argumentos no son capaces de darle.

Durante la primera campaña electoral de Bill Clinton, quien luego fuera presidente de los Estados Unidos, éste mostraba en repetidas ocasiones su dedo índice medio flexionado, sujeto por el dedo pulgar y asomando ligeramente del resto de los dedos que se hallaban relajadamente recogidos en el interior de la mano. Parecía transmitir algo así como: «tengo autoridad, y si es necesario estoy dispuesto a utilizarla». Años después, mientras hacía unas declaraciones bastante «comprometidas», aparecía con el dedo índice expresamente extendido, en un intento de reafirmar su autoridad y su «sinceridad».

La postura

En cuanto a la *postura*, hay que adoptar una posición que resulte cómoda y relajada. Manteniéndonos *de pie,* el dominio y la autoridad que transmitimos es mayor que si permanecemos sentados.

Adoptaremos una postura estable, firme de cintura para abajo y flexible en la parte superior del cuerpo. Tanto sentados como de pie, la posición debe ser erguida, sin encorvarse hacia adelante ni recostarse hacia atrás.

Se pueden colocar los *pies* ligeramente separados, repartiendo entre ellos por igual el peso del cuerpo. También se puede adelantar ligeramente uno de los pies, lo que puede ayudar a proyectar mejor la voz hacia delante.

Y respecto a los *brazos*, es aconsejable evitar en lo posible cruzarlos, separarlos excesivamente del cuerpo realizando movimientos expansivos, meter las manos en los bolsillos o entrelazarlas por detrás del cuerpo.

La distancia

La *distancia* es otro elemento a tener muy en cuenta. Reducir la distancia física es de algún modo reducir la distancia psicológica.

Eliminar objetos o mobiliario entre el ponente y su audiencia es eliminar también barreras de comunicación. Detrás de una mesa nos podemos sentir más seguros y protegidos, pero delante o entre el público llegaremos más y el control sobre la audiencia será mayor.

Bajar a «la arena de la plaza» es estar más expuesto a los nervios. Sin embargo, en determinados contextos, moverse entre el público permite en general involucrarle y hacerle participar más directamente.

AUTOCONTROL Y NATURALIDAD

¿Es necesario controlar los componentes de la comunicación no verbal durante la intervención en público? ¿Redunda en una pérdida de espontaneidad? No podemos perder de vista el objetivo de nuestra presentación. Recordemos que la oratoria es efectivamente una «interpretación», pero eso no significa que deba resultar algo forzado y artificial.

El control del componente no verbal no tiene por qué estar reñido con la naturalidad, que además resulta ser una cualidad necesaria y valiosa en la oratoria. Nuestra forma de comunicarnos y de comportarnos debe estar acorde con nuestra personalidad, pero sobre todo, con el papel que en ese momento estamos desempeñando —político, profesor, juez, científico, comercial...—. El contexto, el público y las circunstancias determinarán también algunos ajustes precisos en la comunicación.

Una comunicación excesivamente servil, o por el contrario demasiado agresiva, difícilmente nos resultará natural. Si hay rasgos o indicadores en nuestra comunicación no verbal que puedan desvelar alguna de estas tendencias, o cualquier otra que pueda afectar negativamente a nuestro discurso, deben ser trabajadas, pulidas, reducidas o eliminadas.

La sinceridad del orador revela confianza, autenticidad, cercanía y credibilidad. Si el orador se conoce a sí mismo y se está mostrando tal cual es, de una forma auténtica y respetuosa, animará al público a responder de forma similar, manifestándose tal y como son, siendo ellos mismos.

16

EJEMPLOS, ANÉCDOTAS, HUMOR
LES CONTARÉ ALGO

«No hay ninguna cosa seria
que no pueda decirse con una sonrisa.»
ALEJANDRO CASONA

LA NECESARIA AMENIDAD

Cuentan la famosa anécdota de un político inglés que, mientras soñaba que estaba hablando en la Cámara de los Lores, se despertó sobresaltado, ¡y descubrió que realmente estaba en mitad de su discurso! Si hasta el propio ponente se duerme, podemos imaginar en qué estado debía encontrarse la audiencia.

En cierta ocasión escuché una interesante definición de pelmazo: «*Pelmazo es aquel al que le preguntas cómo está, y va y te lo cuenta*». Para que un discurso sea ameno, además de la brevedad necesita acompañarse de algunos recursos que lo hagan incompatible con el sueño.

Una charla que pueda resultar excesivamente larga, árida, seria o especialmente tensa requiere la utilización de algún recurso especial. El tema más soporífero puede resultar interesante si lo presentamos de forma *original, personal, creativa y variada*. Hay quien es capaz de hacer atractivo un pesado balance de cifras presentándolo como si fuera una historieta. La imaginación juega aquí un papel importante.

En nuestras presentaciones podemos intercalar:

- *Ejemplos.*
- *Citas.*

- *Definiciones.*
- *Afirmaciones sabias y certeras.*
- *Refranes.*
- *Analogías.*
- *Metáforas y comparaciones.*
- *Experiencias y casos reales.*
- *Preguntas retóricas.*
- *Referencias a la realidad.*
- *Chistes.*
- *Juegos de palabras.*
- *Fábulas.*
- *Cuentos breves.*

Estos recursos pueden aportar un extraordinario valor añadido a la presentación. Utilizados adecuadamente:

- *Captan* la atención.
- Ayudan a *mantenerla.*
- *Enriquecen* los contenidos.
- Facilitan la *memorización.*
- Transmiten *distensión, alegría, sorpresa.*
- Aportan *amenidad*, color, cercanía.
- Crean una cierta *complicidad* con el público.
- Aumentan la *confianza* en el ponente.

Así pues, pueden contribuir a crear un clima relajado, desenfadado, amistoso, cercano, agradable y simpático. Crean un poderoso vínculo comunicativo que facilita la comprensión del discurso, le dota de gran fuerza didáctica, expresiva y persuasiva.

La audiencia suele prestar más atención a determinados temas para los que tiene especial *predisposición*. Es importante conocer cuáles son esas «*cosas en común*» para hablar de un «*nosotros*» que incluye directamente a la audiencia:

- Nuestra ciudad
- Nuestros proyectos.
- Nuestra actividad.
- Nuestras dificultades.
- Nuestras experiencias en común.
- Nuestra historia.

La teoría está en los libros, pero las experiencias son algo que personaliza y enriquece decididamente el discurso. Uno de los mejores recursos es la *anécdota*, que suele resultar especialmente eficaz cuando el suceso que se relata es una experiencia personal, verídica y sorprendente. Es especialmente llamativo el hecho de que, con el paso del tiempo, el público suele recordar las anécdotas cuando han olvidado ya la mayor parte del contenido del discurso.

EL SENTIDO DEL HUMOR

El sentido del humor implica una forma especial de percibir e interpretar la realidad, una peculiar manera de contemplar al ser humano. A través del humor redimensionamos la realidad, la distorsionamos, dotamos a las palabras de nuevos significados.

Saber utilizar el sentido del *humor* es una ventaja indiscutible para la oratoria. Puede ayudar a romper el hielo y a conectar de forma especial con el auditorio. El comentario simpático que surge de *improviso*, sin estar preparado o parecer rebuscado, de forma inmediata y directa, suele causar verdadero impacto, y más aún si es un comentario personal, sobre uno mismo.

Se trata, como es lógico, de ganarse a la audiencia, no de hacerles pasar un mal rato. El humor es un arma de *doble filo* que hay que saber utilizar con tacto. Su efecto y consecuencias resultan difíciles de predecir. Hay ocasiones en que un chascarrillo despierta en una audiencia una carcajada unánime, mientras poco después, con otro público, el mismo chascarrillo resulta insulso o pasa desapercibido.

A la hora de utilizar el recurso del humor conviene seguir algunos *consejos*:

- Sondear la *predisposición* a la risa por parte del público.
- Decidir y estudiar detenidamente *dónde, cuándo y cómo* utilizarlo.
- Dosificar el recurso, aplicándolo con *moderación*.
- *Intercalarlo* en el lugar adecuado.
- Evitar crear *expectativas* en el público muy positivas o negativas sobre el chiste.
- Revisar, ordenar y personalizar el *contenido*.
- Evitar aquellos chistes que *ridiculizan* a personas o colectivos concretos.
- Evitar chistes de mal gusto, aunque sí pueden tener un toque *picante*.
- Procurar cierta apariencia de *improvisación*.
- Ensayar la forma, el *ritmo*, el *énfasis*, las *pausas*.
- Evitar utilizarlo si no se está *seguro*.
- Evitar *reírse* de los propios chistes.
- Huir del chiste fácil y *conocido* por todos.

Algunas expresiones simpáticas o anécdotas humorísticas, incorporadas y distribuidas adecuadamente en el discurso, pueden evitar una de las peores enfermedades que puede padecer la oratoria, como es el aburrimiento. Captan la atención, despiertan la curiosidad y mantienen el interés del oyente, contribuyendo de forma positiva a la asimilación y memorización del contenido del discurso.

La eficacia del humor como recurso oratorio depende de que cumpla con algunas condiciones:

- *Conocimiento de la técnica.*
- *Sentido del humor.*
- *Autocontrol emocional.*
- *Sensibilidad.*
- *Oportunidad y adecuación.*
- *Dosificación.*
- *Improvisación o preparación, según el caso.*
- *Personalización.*
- *Sentido constructivo.*
- *Inteligencia.*
- *Educación, respeto y amabilidad.*
- *Práctica.*

El humor más eficaz suele estar centrado en uno mismo, en las propias experiencias y en anécdotas personales, que con frecuencia ponen de relieve los fallos, despistes, incongruencias o errores del propio orador.

Se puede utilizar el chiste, la ironía, la caricaturización, deformando o exagerando determinados rasgos, pero con precaución. Entre el humor y el drama la distancia es mucho menor de lo que se suele pensar.

17

APOYOS AUDIOVISUALES
COMO PUEDEN VER...

«Lo que se oye, se olvida.
Lo que se ve, se recuerda.
Lo que se hace, se comprende.»

CONFUCIO

VENTAJAS DEL USO DE APOYOS AUDIOVISUALES

Un discurso se puede enriquecer utilizando transparencias, proyecciones, documentación, grabaciones en vídeo, fotografías, maquetas, muestras.

El orador se dirige a su audiencia en varias dimensiones: a sus cerebros, a sus corazones, a sus *sentidos*. Escuchar no es simplemente oír; mirar no es simplemente ver.

En la recepción del discurso escuchamos con todos los sentidos a la vez. Aunque la mayor parte de la información se recibe a través de la vista y del oído, también olemos, gustamos, tocamos.

Las personas captan, aprenden y asimilan ideas utilizando estrategias diversas: escuchando, leyendo, haciendo, viendo. En general, cuantos más *sentidos* captan la información y, muy especialmente, cuanto más visual es la presentación, mayor es la comprensión y más fácil resulta la memorización del contenido. No se trata de bombardear con muchos estímulos, sino de aplicar las dosis adecuadas y en los momentos oportunos.

Los apoyos *audiovisuales* son un complemento ideal tanto en la formación como en la oratoria en general, pero no son un fin en sí mismos. Su objetivo no es reemplazar o sustituir al mensaje oral. Tan sólo son ayudas cuya utilización debe estar justificada.

Las posibilidades que ofrecen los apoyos audiovisuales son enormes. Podemos jugar con la imaginación para diseñar nuestras propias ayudas visuales, elegirlos adecuadamente, aplicarlos de forma creativa. Podemos utilizar tableros metálicos con imanes, maquetas o tableros de corcho donde fijar con chinchetas papeles o cartulinas de colores.

Las *ventajas* de la utilización del apoyo audiovisual son múltiples:

- Refuerza el *aprendizaje*.
- *Clarifica* lo complejo.
- *Concreta* conceptos abstractos.
- Ejemplifica *gráficamente*.
- Introduce *variedad* y dinamismo.
- Ayuda a la selección, clarificación y *organización* del contenido.
- Facilita la *percepción*.
- Capta, dirige y focaliza la *atención*, con estímulos más atractivos.
- *Enfatiza* lo esencial.
- Estimula el *interés* y aumenta la motivación.
- Facilita el *análisis* de las distintas partes del contenido.
- Permite presentar *movimientos y desarrollos*.
- Facilita la *comprensión*.
- Afianza el *recuerdo*, ofreciendo mayor resistencia al olvido.
- Acorta el *tiempo* de la exposición.
- Amplía el tiempo para la *participación* de la audiencia.
- Da mayor *credibilidad*, cercanía y autenticidad al discurso.

> «Una imagen vale más que mil palabras».

Cuidado con lanzarse a utilizar el apoyo audiovisual según se sale a escena, como si se tratase de una *tabla de salvación*. Es un error pensar que mientras el público mira a la pantalla no mira al ponente.

Es fundamental conocer los principales *aspectos técnicos* relativos a su manejo. En general, debemos tener previstas las cuestiones siguientes:

- *Disponibilidad.*
- Prueba y revisión del *funcionamiento.*
- *Elaboración y colocación* de diapositivas, transparencias, etc.
- *Conexiones*, alargadores, tomas de corriente.
- *Accesorios*, lámparas de repuesto.
- *Ubicación.*
- *Orientación.*
- *Enfoque.*
- *Volumen.*

Cuando utilicemos algún apoyo audiovisual debemos asegurar nuestro *dominio* del mismo. Causa una mala impresión andar peleándose ante la audiencia con un proyector o un portátil que parecen dispuestos a llevarnos la contraria.

Como *consejos generales*, debemos evitar en lo posible:

- Tapar total o parcialmente la pantalla con el cuerpo o alguna parte de éste.
- Dar la espalda al público.
- Hablar de cara a la pantalla, lo que reduce sensiblemente el volumen de la voz.
- Realizar un uso excesivo que limita la participación y puede llegar a cansar.

Al realizar la selección de los apoyos audiovisuales debemos confirmar que resultan adecuados en función de algunos *criterios*:

- *Contenido* de la exposición.
- *Método* de presentación.
- Posibilidades y disposición de la *sala*.

- *Duración* de la ponencia.
- Número de *asistentes*.
- Nivel de *conocimientos* de la audiencia.
- Posibilidades de *participación*.
- Grado de *control* sobre el grupo.
- *Orden* de intervención, si hay varios ponentes.
- *Secuencia* de utilización de cada uno de los apoyos.
- Disponibilidad del *equipo*.
- Dominio y maestría en su *uso*.
- Conocimiento sobre sus *posibilidades* y limitaciones.

Hay una gran variedad de apoyos audiovisuales. Uno de los más conocidos y utilizados es la **pizarra blanca,** sustituto de la tradicional pizarra de tiza, que ofrece posibilidades y características bastante similares al rotafolios, con la salvedad de que no permite conservar de modo permanente la información registrada.

Los rotuladores son diferentes en ambos casos. Conviene no confundirlos ya que los de la pizarra blanca permiten borrar fácilmente lo escrito, mientras los de rotafolios dejan una marca permanente que requiere disolventes para eliminarla.

Veamos a continuación una relación de *apoyos audiovisuales* de uso frecuente, con una breve descripción de las diversas posibilidades que ofrecen y algunos consejos básicos para su correcta utilización.

ROTAFOLIOS

El rotafolios o *flip chart* consiste en un trípode o caballete que soporta un tablero con hojas grandes de papel DIN A0 o DIN A1, que se pueden ir pasando como las hojas de un cuaderno.

Posibilidades

- Útil para reuniones informales y *sesiones de formación*.
- Recomendado para grupos integrados por menos de *quince o veinte personas*.
- Permite *escribir, dibujar*, hacer *gráficos*.
- Posibilita la *participación* y la *visualización* y el *desarrollo* de las ideas.
- Permite recoger las *aportaciones* de los participantes.
- La *permanencia* de los contenidos permite trabajar posteriormente sobre ellos.
- El desarrollo *en vivo* del contenido facilita especialmente la retención de la información.
- Aporta *espontaneidad*, al poder improvisar sobre la marcha.
- Posibilita también la *preparación previa* del contenido de las hojas.

Utilización

- Asegurar la *instalación* del trípode de sujeción.
- Ubicarnos lateralmente para evitar dar la *espalda* al público. Evitar hablar cara al rotafolios.
- Escribir con *orden y claridad*: poco texto, con letras grandes, preferentemente mayúsculas.
- Cuidar especialmente la *visibilidad*.
- Utilizar *rotuladores* de colores, de punta gruesa. Confirmar que no están secos.
- Aplicar *colores* diferentes, para contrastar y destacar ideas.
- Al iniciar la presentación mostrar una *hoja en blanco*, o con el título de nuestra ponencia.
- Antes de pasar a un nuevo apartado o tema, *pasar la hoja* y mostrar una hoja en blanco.

RETROPROYECTOR

Proyecta sobre una pantalla el contenido de las transparencias.

Posibilidades

- Su manejo es relativamente *sencillo*.
- Útil tanto para *audiencias* reducidas como numerosas.
- Se puede utilizar en solitario o *intercalarlo* con otros soportes visuales.
- No es preciso *oscurecer* la sala.
- Hay retroproyectores fijos y *portátiles*.
- Permiten proyectar sobre *pantalla* o sobre pared lisa.
- El orden y número de transparencias puede *modificarse* durante la exposición.
- Podemos *volver* sobre el contenido de alguna transparencia presentada previamente.

Utilización

- Confirmar que dispone de una *lámpara* de repuesto.
- *Encuadrar* el haz de luz en la pantalla y *enfocar*.
- *Apagarlo* durante el inicio y conclusión de la presentación, y siempre que no se esté utilizando.
- Utilizar el *puntero o señalador* sobre la transparencia o sobre la pantalla.
- *Colocar* con cuidado las transparencias, evitando que se descoloquen o se deslicen.
- Mantenerlas el *tiempo* suficiente para desarrollarlas y poder trabajar sobre el contenido que aparece en ellas.
- Evitar *leer* las transparencias. Ampliar y clarificar el contenido.

- Mantener las transparencias el *tiempo necesario* para que se puedan tomar notas, apuntes.
- Hacer una pausa en el discurso mientras se *cambia* la transparencia.
- Presentar la *transparencia total o parcialmente*, ocultando parte del contenido con un folio.
- Permite la *superposición* de transparencias, con la consiguiente leve pérdida de luminosidad.
- Algunos disponen de un ventilador para reducir la temperatura. Atención al posible ruido, y al calor que despiden.

Transparencias

- Se pueden elaborar utilizando *ordenador*, *fotocopiadora*, o *a mano*, con rotuladores especiales.
- Presentar un *formato* similar y homogéneo en todas las transparencias.
- Buscar *claridad y concisión*. Sintetizar el contenido.
- Dedicar cada transparencia a desarrollar una *sola idea*.
- *Personalizar* la transparencia inicial: título, nombre del centro, ponente, fecha, lugar.
- Incluir el *título* y un *esquema* global en la segunda transparencia, y el desarrollo en las siguientes.
- Evitar un *número* excesivo, que pueda cansar a la audiencia y reducir la atención.
- Introducir poco *texto*, tamaño grande de letra, mayúsculas, negritas.
- Ilustrar los conceptos *visualmente*. Utilizar colores.
- Incorporar *gráficas* de barras, tartas, pictogramas, dibujos, fotografías.
- Distribuir los elementos en el *sentido de lectura*: de izquierda a derecha, de arriba abajo.

PROGRAMAS INFORMÁTICOS DE PRESENTACIÓN

Permiten proyectar sobre una pantalla, el contenido de la pantalla del ordenador, conectando éste a un cañón de proyección. Su versatilidad, posibilidades y calidad de presentación destacan con mucho sobre las que ofrece el retroproyector.

Posibilidades

- La *calidad* de las presentaciones es muy alta.
- Los contenidos de cada pantalla pueden ir presentándose *progresivamente*.
- Permite introducir *notas del orador*.
- Permite incluir sonidos, *animaciones*.

Utilización

- Conocer las posibilidades y el funcionamiento del *programa informático*.
- Existen mecanismos para activar *a distancia* las transiciones de las pantallas.

DOCUMENTACIÓN. MATERIAL IMPRESO

Se puede entregar documentación antes, durante o después de la exposición.

Posibilidades

- Supone un importante *refuerzo* al contenido de la exposición.
- En general resulta *barato y fácil* de reproducir.
- Ofrece la posibilidad de *ampliar* la información.

- Su carácter *permanente* permite realizar consultas previas o posteriores.
- La información queda *accesible* para aquellos que no pudieron asistir.
- Aporta precisión en la presentación de *informes* de resultados, planes, programas, proyectos.

Utilización

- Distribuir con días de antelación, si los asistentes deben conocer determinada información.
- Si no es imprescindible para la presentación, es preferible distribuirlo al *concluir* la misma.
- Distribuir la información *necesaria*: copia de las transparencias, esquemas, resumen, desarrollo de los contenidos, bibliografía.

18

CONTROL DEL TIEMPO
Y PARA TERMINAR...

*«Una buena conversación debe agotar el tema,
no a sus interlocutores.»*

Winston Churchill

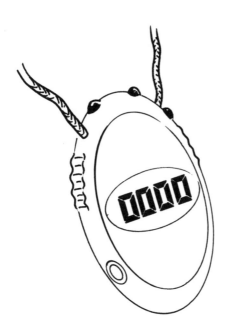

DURACIÓN DE LA PRESENTACIÓN

Además de realizar una presentación de calidad, debemos controlar y ajustar los tiempos y la duración de la misma, para que sea doblemente excelente. Aquí podemos aplicar la certera sentencia de Baltasar Gracián: «Lo bueno, si breve, dos veces bueno».

La brevedad es una de las grandes cualidades de la oratoria. Es necesario realizar un control riguroso de la duración, ya que, embelesados en nuestro propio discurso, corremos el riesgo de perder la noción de la duración y alargarlo en exceso.

Es especialmente gráfico el comentario que con ironía esgrimía lord Birkett, un humorista británico, cuando afirmaba que no le importaba que la gente mirase sus relojes mientras estaba hablando; lo que sí le parecía excesivo era que, además, los sacudiesen y se los acercasen al oído para asegurarse de que funcionaban.

Tampoco debemos ser nosotros quienes miremos la hora en nuestra muñeca. Podemos en todo caso dejar el reloj sobre la mesa, orientado hacia nosotros, y mirarlo discretamente. O también convenir alguna señal con alguna persona que pueda indicarnos de algún modo, y con algunos minutos de antelación, que se va a cumplir el tiempo previsto para la exposición.

La duración de una presentación puede oscilar, pero en general, la capacidad de atención del público suele rondar en torno a los tres cuartos de hora o una hora. Será preciso tenerlo en cuenta para acortar la duración o para introducir descansos y variedad en los contenidos, los apoyos audiovisuales, las actividades o los recursos retóricos.

En general hay que preparar un tiempo de exposición menor que el disponible para realizar la presentación. Casi con toda seguridad no nos sobrará tiempo. En última instancia se pueden llevar contenidos de reserva, o establecer un coloquio con la audiencia.

Una presentación se puede reducir, sintetizar, condensar. El mismo resumen que podríamos elaborar a partir de un artículo, un informe o un libro, puede hacerse con una presentación. Se precisa para ello cierta flexibilidad y ciertas dosis de discreción y naturalidad, para que la audiencia no se quede con la sensación de que no se les está dando todo el contenido.

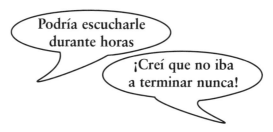

Entre las personas que asisten a charlas y conferencias es más frecuente escuchar comentarios sobre la amplitud del discurso, «creía que no iba a terminar nunca», que sobre su brevedad, «podría escucharle durante horas».

Debemos ser puntuales en la hora de inicio y terminación de la conferencia. Podemos dar escasamente cinco minutos de cortesía al inicio, en espera de algunos asistentes, pero hay que premiar la puntualidad de los que ya están presentes en la sala. Respetar el valioso tiempo de los demás es una auténtica demostración de cortesía y de tacto.

A la hora de programar el tiempo debemos contar por un lado con el posible ahorro que nos puede proporcionar la utilización de los apoyos audiovisuales, y por otro, con la más que probable prolongación que pueden producir las intervenciones de los asistentes, en forma de comentarios o preguntas. Cuanto mayor sea la participación prevista, menor será nuestro tiempo de intervención.

El tiempo psicológico del discurso se acorta en tanto la mente del oyente está relajada, entretenida, ocupada, activa. La amenidad y la variedad permiten combatir el aburrimiento y la monotonía, síntomas desafortunadamente frecuentes en bastantes discursos.

Para terminar, citaré un caso excepcional en lo que a la duración del discurso se refiere. Fidel Castro pronunció a finales del siglo pasado —febrero de 1998— un discurso con motivo de su reelección como presidente del Gobierno de Cuba. A sus setenta y un años de edad, en un alarde de fortaleza física y mental y en un derroche de capacidad para la oratoria, pronunció un discurso de siete horas y cuarto de duración, batiendo así su propio récord, que por escasos veinte minutos no llegaba a las siete horas. Sus habituales palabras de despedida, «¡Patria o muerte, venceremos!», deben resonar de un modo especial en los oídos de la audiencia, tras un maratón de ese calibre.

19

CONCLUSIÓN
MUCHAS GRACIAS

«Te reciben según te presentas,
te despiden según te comportas.»

FRANCISCO DE QUEVEDO

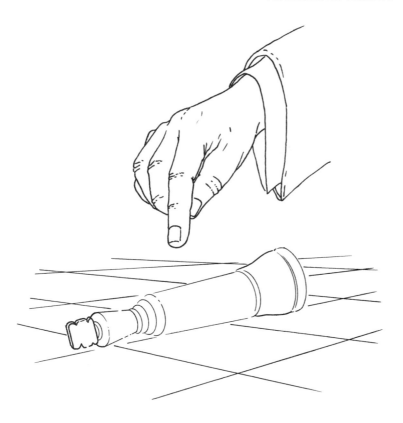

SABER TERMINAR EL DISCURSO

Estamos llegando a la recta final de nuestra alocución. Un buen discurso merece una buena despedida. Como vimos, las *últimas frases* del discurso tienden a ser recordadas especialmente, al igual que las primeras palabras que se pronuncian.

La conclusión es muy importante, y en gran medida determina la impresión final que queda en el público. Suele tener un gran peso en la valoración general que se hace de la ponencia.

Al acercarnos a la conclusión hay que mantener la serenidad. Estamos casi llegando a la meta que nos habíamos marcado. Un descuido habitual en los oradores inexpertos es relajarse especialmente y dar por ganado el discurso antes de tiempo, corriendo el consiguiente riesgo de echarlo a perder en un momento especialmente delicado.

En ocasiones se puede dar la circunstancia de que vayamos *escasos de tiempo* por diversos motivos:

- Nos extendimos excesivamente en algún *punto*.
- El orador que nos ha *precedido* ha utilizado parte de nuestro tiempo de exposición.
- La ponencia se ha *iniciado* más tarde.
- Se ha realizado un reajuste de *programación* de última hora.
- La *participación* de los asistentes ha sido muy amplia.

El fallo habitual propio de la inexperiencia, y que suele dejar muy mala impresión en la audiencia, es intentar acelerar el discurso intentando «meter con calzador» todos los contenidos previstos, aun cuando éstos no quepan.

Cuando vamos apurados de tiempo debemos seleccionar sobre la marcha, cribando con discreción parte del material previsto.

Podemos *avisar* con unos minutos de antelación que el discurso va a concluir, haciendo directamente *comentarios* del tipo *«antes de concluir...»* o *«para terminar...»*, que pueden servir de preámbulo al cierre y de aviso al auditorio. Las personas que hubiesen relajado su nivel de atención lo recuperarán con toda probabilidad al escuchar estas palabras.

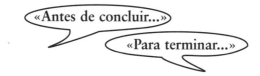

Hay *indicadores no verbales* que también anticipan que el discurso está terminando. Como ejemplos, una mayor lentitud en las palabras, o el gesto de introducir el bolígrafo o la pluma en el bolsillo interior de la chaqueta.

Es el momento de hacer un *resumen*, plantear las *conclusiones, propuestas o resoluciones* que se derivan del discurso, y resaltar la *idea principal*. Tal vez sea el momento de hacer un llamamiento de apoyo a lo expuesto.

Una *despedida* cordial y positiva puede cerrar nuestra intervención. El *agradecimiento* será el broche de oro. Dirigir unas cálidas palabras de agradecimiento es una condición necesaria al terminar el discurso. Debe hacerse sin realizar reverencias teatrales, acompañándolo como mucho de un asentimiento, inclinando ligeramente la cabeza hacia delante. Es de agradecer que los asistentes hayan dedicado su tiempo, hayan respetado las opiniones vertidas y nos hayan regalado su atención.

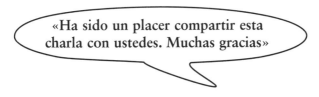

«Ha sido un placer compartir esta charla con ustedes. Muchas gracias»

Tras el agradecimiento, mantenernos en pie, en silencio, mirar a la audiencia, y mostrar una leve sonrisa, despertará con toda probabilidad el *aplauso* de los asistentes.

Todavía estamos en el escenario. A veces nos puede traicionar la emoción de los aplausos. Incluso todavía alguna persona puede acercarse a nosotros, porque desee realizar alguna consulta, hacernos algún comentario respecto al contenido expuesto, saludarnos, felicitarnos.

Cada intervención pública debe ser analizada con posterioridad, valorando los aspectos positivos y los que pueden mejorarse en el futuro. Si grabamos nuestra exposición tendremos ocasión de revisar con detenimiento todos y cada uno de los aspectos que hemos ido desgranando. Nuestros fallos serán valiosas y fructíferas lecciones que contribuirán a garantizar éxitos futuros.

Si nuestras primeras intervenciones no salen como esperábamos, tenemos que dar oportunidad a nuevas presentaciones. Con la práctica ganaremos mucha seguridad y «saber estar». En la oratoria, el esfuerzo y la preparación se ven rápidamente recompensados.

Lo más probable es que el hecho de hablar en público nos acabe gustando hasta el punto de que echemos de menos la oratoria si pasamos un tiempo sin dirigirnos a un grupo de personas.

Gran parte de los oradores que conocemos son personas con cierta timidez que, poco a poco, han ido descubriendo el gran regalo y el verdadero privilegio que encierra la oratoria, y que también han sabido cuidar y perfeccionar su técnica.

20

INTERVENIR EN MEDIOS DE COMUNICACIÓN
ME ALEGRA QUE ME HAGA ESA PREGUNTA

«Ya estoy aquí.
Seré tan breve que ya he terminado.»

Salvador Dalí

(Palabras pronunciadas por el famoso pintor durante su reaparición,
en una excéntrica y surrealista conferencia de prensa en 1980,
con motivo de la presentación del museo que lleva su nombre.
Mientras se escuchaba de fondo la música de Wagner,
su musa Gala repartía nardos al centenar de periodistas y fotógrafos
que habían sido convocados y acudieron al acto.)

LA IMPORTANCIA DE DARSE A CONOCER

En la sociedad actual resulta evidente e indiscutible la relevancia de los medios de comunicación. Los *mass media* —medios de comunicación de masas— desempeñan un notable papel difusor, formativo, informativo, educador y persuasivo. Son de algún modo los grandes responsables del proceso de globalización, por su inmediatez y efecto multiplicador, así como por la extensión, alcance y repercusión que logran en el elevado número de personas que componen las audiencias.

La radio, la televisión o Internet son herramientas de comunicación poderosas. La intervención en dichos medios requiere del conocimiento de cada uno de ellos y de sus peculiaridades. En general, todos logran acortar distancias y tiempos, y cuentan, cada vez más, con la interacción y participación activa de los receptores. Son capaces de conformar opiniones colectivas o de lanzar productos al mercado, convirtiéndolos en éxitos comerciales a velocidades de vértigo, impensables hace pocas décadas.

Uno de los principios que subyacen a la publicidad es que aquello que no se conoce prácticamente «no existe». Si usted participa en un gran proyecto, ofrece un servicio muy destacado o elabora un producto de alta calidad puede llegar a pasar desapercibido si no lo da a conocer a través de los medios. Pero, y esto sería mucho peor, si lo da a conocer de modo inadecuado —«de mala manera»—, su imagen puede quedar seriamente dañada.

Tras el micrófono, la pantalla, la cámara o la red, hay millones de personas. Las nuevas tecnologías permiten que una imagen pueda dar la vuelta al mundo en pocos segundos. A la hora de intervenir en los medios, es esencial cuidar la imagen personal, así como la imagen de la institución a la que se representa. Aspectos tales como la cercanía, la tranquilidad o la afabilidad son tan valiosos como la elegancia, la seriedad y la seguridad que se transmiten.

Hacerse merecedor del respeto por parte de los medios de comunicación implica adoptar una actitud igualmente respetuosa con la labor de los periodistas e informadores. Es preciso entender el valor de su trabajo y lo que da sentido a éste. La claridad a la hora de trasladarles la información facilita que el mensaje sea entendido y transmitido de manera nítida.

Pero, cuidado: lo importante, y lo que finalmente sale en los medios, no es lo que dice el entrevistado sino lo que entiende el entrevistador.

COLABORAR CON LOS MEDIOS

Cuando son los medios los que solicitan una entrevista, en cierto modo se parte de una situación ventajosa al contar de entrada con su interés. Para responder adecuadamente a una solicitud de entrevista por parte de algún medio de comunicación es conveniente recabar cierta información:

- De qué medio de comunicación se trata.
- Nombre y apellidos del periodista.
- Tema sobre el que quiere escribir.
- Motivo por el cual está trabajando esa temática.
- Enfoque que pretende dar al contenido.
- Formato de la entrevista —individual, varios expertos.
- Motivo por el cual ha sido usted elegido para ser entrevistado.

- Fecha de la entrevista.
- Fecha prevista de publicación.

Es preciso aportar al periodista algunos datos que deseamos que figuren en la entrevista relativos al entrevistado —nombre y apellidos, cargo que ocupa—, a la institución que representa, así como otras informaciones que se consideren relevantes. Hay que advertirle, igualmente, si hay algún dato concreto que no deseamos que aparezca.

Además de informar, el periodismo intenta captar la atención del público, sorprenderle, entretenerle, animarle a seguir profundizando en el tema. Un periodista tiene la capacidad —podría decirse que tiene el poder— de convertir en titular cualquier frase destacada que se haya pronunciado durante la entrevista. Es conveniente no decir nada que no se quiera ver, a la mañana siguiente —o incluso el mismo día—, destacado en negrita y convertido en el centro de la noticia.

PREPARAR LA ENTREVISTA

Una entrevista con un medio de comunicación debe ser preparada de forma meticulosa. Una vez acordados la fecha, hora y lugar en que se realizará, se debe atender a algunos detalles que contribuyen a asegurar su éxito.

La primera cuestión es conocer a fondo el tema que se va a abordar en la entrevista. Esto implica buscar información, investigar y actualizar los datos, revisar diferentes ámbitos, aspectos y personas vinculados a él.

Las notas son un recurso de gran ayuda. Se puede preparar un breve guión con los puntos esenciales, incluyendo aquellos datos o informaciones de los que se desea disponer. En ocasiones puede ser de utilidad disponer de material complementario como apoyo, que puede ser consultado y utilizado durante la entrevista en caso de que fuese necesario.

Otro aspecto esencial es tener claro cuál es el mensaje principal que deseamos transmitir. Delimitar esa idea nuclear en la que deseamos centrarnos nos ayuda a evitar que en el transcurso de la entrevista podamos apartarnos de ella.

Conviene seleccionar también las ideas más importantes que se desea recalcar durante la intervención. Pueden ser cuatro o cinco aspectos que ayuden a reforzar o complementar el mensaje principal, y que aporten información, datos relevantes o nuevos o argumentos destacados.

Las entrevistas incluyen una serie de preguntas que conviene anticipar. Un primer avance ayuda a tener previstas respuestas que resultarán mucho más concisas, precisas y certeras. Al adelantar las posibles cuestiones, se incluirá una amplia batería que posteriormente suele quedar reducida en la entrevista real. La relación debe incluir, de manera muy especial, los temas que resulten más delicados de tratar y aquellas preguntas que puedan ser más comprometidas.

Con la entrevista bien preparada se debe acudir a la convocatoria con puntualidad. En caso de que hubiese que hacer alguna variación en la agenda, por ejemplo un cambio de horario, se debería avisar con antelación suficiente.

PREPARAR LA ENTREVISTA

- Concertar fecha, hora, lugar.
- Informarse del tema.
- Preparar notas: guión, datos.
- Determinar el mensaje principal.
- Seleccionar las ideas más importantes.
- Anticipar posibles preguntas.
- Disponer de material de apoyo.

ATENDER A LOS PERIODISTAS

Los profesionales del periodismo no son «el enemigo»; más bien deben ser considerados colaboradores y aliados, que ejercen de portavoces y altavoces de la opinión popular. Preguntan y se interesan por aquello que la gente de la calle quiere saber. Nuestra labor será facilitarles en lo posible su trabajo.

Los periodistas agradecen ser tratados con cercanía, serenidad, amabilidad y respeto. La educación en el trato normalmente se ve reflejada en la forma y contenido del trabajo que van a realizar posteriormente. Esto implica no alterarse ni perder los papeles durante la entrevista, por ejemplo, utilizando un vocabulario incorrecto, un mal gesto o un tono y volumen inapropiados.

Partiendo de una exquisita puntualidad por parte del entrevistado, en caso de que se haya convocado a varios medios y aún falte alguno por llegar, se pueden conceder unos minutos de cortesía. Conviene dar las gracias a los que han llegado puntualmente, así como valorar y premiar su puntualidad de algún modo. Se puede invitar a un café mientras se ultiman preparativos y se espera a algún medio relevante que deseamos que esté presente en la sala.

Un recurso que resulta de gran ayuda es proporcionar a los periodistas una carpeta de prensa. Un breve dossier de este tipo puede recoger de forma resumida y precisa la síntesis de las ideas esenciales que se van a desarrollar en la entrevista o comparecencia.

La presencia de los medios, su interés y la atención que nos están dispensando merecen ser reconocidos con un agradecimiento explícito al inicio de la alocución y durante la despedida.

La duración de una intervención ante los medios debe estar establecida de antemano. Ese tiempo previsto se debe dar a conocer y hay que procurar respetarlo para evitar que el acto se prolongue excesivamente.

El turno de preguntas se adecuará a la duración del acto. Será preciso limitar el número de preguntas por intervención. Se puede remitir o emplazar puntualmente a algún medio a una posterior atención individual, personal o telefónica, con objeto de complementar la información que se desee ampliar. Lógicamente la extensión de las respuestas debe también tener en cuenta el ajuste al tiempo previsto.

Al inicio de la intervención es conveniente empezar abordando el tema principal y la idea más importante. En algunas ocasiones, la inmediatez y la premura de tiempo del trabajo periodístico obligan a algunos periodistas a marcharse antes de tiempo. Al ofrecer la idea principal de entrada, el efecto de primacía ayuda a dejar claro desde el comienzo el punto nuclear de la entrevista.

Durante el turno de preguntas es preciso asegurarse de que han sido comprendidas y, en caso de que sea necesario, pedir su aclaración o reformulación. Hay que atender a la posible intencionalidad de la pregunta y a su contenido implícito. Su formulación puede haber modificado voluntaria o involuntariamente nuestra idea. En algún caso es conveniente que, antes de responder, se reformule o reajuste su planteamiento en voz alta: «entiendo que su pregunta se refiere a...».

La intención perversa o la astucia de alguna pregunta que se dirige «cargada» hacia el entrevistado no deben hacerle caer en la provocación. El entrevistado puede acabar poniéndose al nivel de impertinencia del entrevistador, amenazándole, enfrentándose a él, insultándole o levantándole la voz. La imagen del entrevistado está en juego. Y su serenidad y educación serán una herramienta mucho más poderosa.

La sinceridad durante la entrevista es una cualidad muy valorada. Es preferible omitir alguna información antes que intentar engañar. No hay obligación alguna de responder a todas las preguntas que se formulan. Es preciso contar y hablar sólo sobre aquello que se desea ver publicado. Esto es igualmente aplicable cuando se habla a «micrófono cerrado», evitando los comentarios «extraoficiales», «entre nosotros...», «en confianza...», *off the record...*

La actitud positiva, la moderación y la serenidad son recursos valiosos para manejar las preguntas. Las respuestas contribuirán a resaltar los mensajes clave. Para ello deben ser meditadas, claras, breves —oraciones simples— y precisas —evitar divagaciones y extensas digresiones.

EL MEDIO TELEVISIVO

La televisión enlaza al tiempo la imagen y el sonido. Resulta un medio poderoso que traslada una imagen con impresiones que quedan grabadas en la mente de los receptores con la calificación de «muy veraces».

Los formatos de participación en televisión son muy diversos. Una distinción previa a tener en cuenta es si se trata de una intervención grabada o en directo. La primera permite repetir y corregir la toma. La segunda aporta el valor —y el riesgo— de la inmediatez y la imposibilidad de que más adelante se pueda seleccionar o recortar en algún caso el contenido, y decidir qué sale finalmente en pantalla.

Otro aspecto a valorar es si se trata de una entrevista o intervención individual o si hay varios entrevistados, si se plantea un formato abierto a las intervenciones del público —presenciales, telefónicas, por Internet—, o de tertulia o debate —a dos o más bandas—. Esto obliga a conocer los distintos enfoques, y las características y perfil de las personas invitadas. Asimismo, conviene disponer de papel y bolígrafo para poder tomar notas.

A diferencia de una entrevista en prensa, por ejemplo, el lenguaje corporal figura en la televisión como un elemento fundamental. Según vimos al abordar los aspectos de comunicación no verbal, la economía en los movimientos, tan necesaria y propia de la oratoria presencial, se ve aquí resaltada por el efecto amplificador de una cámara que enfoca de cerca de la persona. Su naturalidad, su mirada, su sonrisa pueden ser poderosos elementos de comunicación y de persuasión.

Para la intervención en un medio televisivo se debe cuidar la indumentaria: ajustar el vestido, el traje, la chaqueta, la corbata…

Los colores son importantes. Algunos, como el rojo o el blanco puro, son excesivamente arriesgados y están contraindicados. El traje que se utilice puede tener una cierta relación con el color institucional. En muchas ocasiones suele ser gris o azul, más bien oscuro y liso. Se deben evitar las rayas, líneas finas o diseños espigados que producen un efecto no deseado al hacer como aguas —muaré— ante cualquier movimiento frente a la cámara. Tampoco resultan adecuados el terciopelo, los tejidos muy brillantes y los que incluyen piedras o piezas que emiten brillos —que distraen o molestan.

LA RADIO

La radio dispone de valiosos recursos para captar la atención de la audiencia. Su forma de compensar la ausencia de imagen la dota de otros elementos de gran valor. El medio radiofónico juega con la inmediatez, los contenidos, la variedad, el dinamismo del discurso, la descripción, la participación... Al igual que en televisión —y a diferencia de la prensa—, en la radio el entrevistado no puede tomarse demasiado tiempo para pensar en la respuesta.

En el lenguaje radiofónico, las palabras aportan los conceptos, la voz transmite el sentido, la fuerza y la sensibilidad, los silencios introducen valoración y reflexión, los sonidos ubican en el contexto físico y la música moviliza las emociones. Todo ello forma parte del mensaje y debe ser tenido en cuenta, valorado y aprovechado en beneficio de nuestra intervención.

El mensaje debe llegar con claridad a través de la voz. La radio es un medio en el que la palabra cobra especial relevancia y significación. Como aspectos clave se deben cuidar la vocalización, la entonación, el volumen, el ritmo. Conviene expresarse con naturalidad y tranquilidad.

El sonido debe llegar con nitidez. Es preciso dirigir la voz hacia el micrófono y evitar acercarse o alejarse de él, golpearlo o golpear de algún modo en la mesa durante la intervención, o bien girar la cara mientras hablamos.

La voz puede sufrir también variaciones —incluso perderse— si la conversación tiene lugar por teléfono móvil. Se verá afectada por movimientos —que deben evitarse— o por la posible pérdida de cobertura. Lo ideal es hablar desde una conexión fija.

La palabrería grandilocuente y la charlatanería fácil provocan que la audiencia desconecte del mensaje o cambie de emisora. Será más fácil de seguir una intervención en un lenguaje coloquial, directo, sencillo, breve, continuado —sin pausas, lagunas o silencios prolongados.

Una razonable economía de palabras se ve reflejada en el uso de frases simples o coordinadas. El mensaje ofrece también impresión de actualidad cuando se introducen matices del tipo: «en estos momentos...», «mientras estamos realizando esta entrevista...».

En caso de llevar por escrito parte de la intervención, es preciso ensayar para ejercitarse en convertir la palabra escrita en palabra hablada. La sensación de que se está leyendo aumenta la probabilidad de que la audiencia desconecte del discurso. El texto escrito debe ser «contado» —no simplemente leído— para que pueda ser «escuchado» —más que oído.

En el caso de que esté abierta la participación de los oyentes a través de llamadas, conviene tener a mano papel y bolígrafo para tomar notas. En general, es aconsejable responder con respeto a la persona que llama dirigiéndose a ella por su nombre. Y agradecer en cualquier caso su participación, interés o aportación.

DESPUÉS DE LA ENTREVISTA

Informe al Servicio de Comunicación de su institución/empresa:

- Medio que le ha entrevistado.
- Datos del periodista: nombre, información de contacto.
- Tipo de contacto: telefónico, personal, vía e-mail.
- Fecha de publicación / emisión de la entrevista.
- Envío de la entrevista o noticia.

21

DISCURSOS
PALABRAS PODEROSAS

*«En las arengas destinadas a persuadir a una colectividad
se pueden invocar razones,
pero antes hay que hacer vibrar sentimientos.»*

GUSTAVE LE BON

Puedo prometer y prometo...

I have a dream

Ich bin ein Berliner

... pagaré con mi vida
la lealtad del pueblo

Queremos ver un Imperio...

PALABRAS PODEROSAS

A lo largo de los tiempos grandes oradores han dejado para la historia discursos memorables. Los ecos de sus palabras han pasado a formar parte de una cultura global, universal, intemporal. Su mensaje ha quedado en el inconsciente colectivo y ha calado hasta marcar en no pocas ocasiones el rumbo de la historia.

Una excelente forma de mejorar la oratoria consiste en analizar esos discursos cargados de palabras poderosas y comprender las variables que posibilitaron que llegaran a influir de manera tan determinante en el ánimo de millones de personas. Conocer el contexto en que se desarrolla, observar las imágenes, escuchar los valiosos matices en la voz del orador, examinar detenidamente el contenido... Todo ese análisis pormenorizado ayuda a comprender la verdadera dimensión de un discurso.

En este capítulo recogemos algunos fragmentos de discursos que ayudan a ilustrar gran parte de lo expuesto. En la selección se han tenido en cuenta la relevancia de los ponentes, los diversos contextos en los que han tenido lugar y las repercusiones en sus diferentes ámbitos —principalmente histórico, social, económico, político, cultural, científico—. Para ello se han seleccionado algunas de las frases más destacadas.

Tal y como afirmaba Aristóteles, «los discursos inspiran menos confianza que las acciones». La historia vital del orador también forma parte inseparable de su discurso: su actitud, su conducta, su experiencia, su pasado, sus acciones... Incluimos de manera sucinta una muy breve reseña de su biografía.

Los textos —recogidos de muy diversas fuentes y ajustados en algún caso en su traducción al castellano— intentan ceñirse en lo posible a las palabras originales pronunciadas por el orador, intentando evitar desvirtuar su mensaje. Los fragmentos elegidos adquieren verdadera significación dentro del conjunto de la propia disertación. En este apartado se pretende ilustrar algunos valiosos recursos de la oratoria que sirven como muestra y ejemplo de momentos de gran relevancia en las alocuciones. Animamos al lector a que acuda a la fuente original, a que estudie el contenido del discurso íntegro, analice el contexto y, en su caso, visualice el vídeo o escuche el audio.

Al final del capítulo se incluye también un ejercicio con algunas pautas para la realización de prácticas de análisis de discursos en las que se consideran diversos aspectos vinculados al orador, al público y al contexto. El examen del discurso puede abordar el objetivo, la estructura, los elementos relevantes de la exposición, el lenguaje, las frases más significativas, los recursos retóricos empleados y el componente no verbal. La observación y el análisis, al igual que el autoanálisis, serán valiosos referentes para intentar lograr la excelencia en futuras intervenciones.

SELECCIÓN DE FRAGMENTOS DE DISCURSOS

Fidel Castro Ruz (1926): abogado, militar, revolucionario, estadista, político, presidente de Cuba. Destacan su carisma, liderazgo y capacidad oratoria. Se extraen aquí fragmentos de un discurso pronunciado en 1995, en la sesión conmemorativa extraordinaria de la Asamblea General de las Naciones Unidas con motivo del 50° aniversario de la ONU. Sus palabras intentan mover a la reflexión y sensibilizar a la audiencia de los problemas mundiales. Destaca la gran fuerza que las preguntas retóricas imprimen a su argumentación.

«*... veinte millones de hombres, mujeres y niños mueren cada año de hambre y de enfermedades curables... ¿Hasta cuándo debemos esperar para que cese esta matanza? / ¿Hasta cuándo habrá que esperar por la proscripción completa de todas las armas de exterminio en masa, por el desarme universal y la eliminación del uso de la fuerza, la prepotencia y las presiones en las relaciones internacionales? / ¿Hasta cuándo habrá que esperar antes de que se hagan realidad la democratización de las Naciones Unidas, la independencia y la igualdad soberana de los Estados, la no intervención en sus asuntos internos y la verdadera cooperación internacional? / ¿Hasta cuándo habrá que esperar para que haya racionalidad, equidad y justicia en el mundo? / ¿Alcanzarán las próximas generaciones la tierra prometida hace medio siglo? ¿Cuántos son los centenares de millones que han muerto ya sin contemplarla? ¿Cuántas las víctimas de la opresión y el saqueo, de la pobreza, el hambre y la insalubridad? ¿Cuántos más tendrán que caer todavía?... Queremos un mundo de paz, justicia y dignidad, en el que todos, sin excepción alguna, tengan derecho al bienestar y a la vida.*»

«**Evita**», **María Eva Duarte** (1919-1952): primera dama argentina, esposa de Juan Domingo Perón. A continuación se presentan algunos momentos relevantes de su discurso del Día del Trabajador, el 1 de mayo de 1952. El cáncer que padecía acabaría con su vida en julio de ese mismo año. Su ejemplo, personalidad, lucha y entrega se vieron reforzados por su identificación con el pueblo y por una elocuencia que llegaba a la gran masa popular.

«*... yo saldré con el pueblo trabajador, yo saldré con las mujeres del pueblo, yo saldré con los descamisados de la patria... Compañeras, compañeros: otra vez estoy en la lucha, otra vez estoy con ustedes, como ayer, como hoy y como mañana. Estoy con ustedes para ser un arco iris de amor entre el pueblo y Perón; estoy con ustedes para ser ese puente de amor y de felicidad que siempre he tratado de ser entre ustedes y el líder de los trabajado-*

res. Estoy otra vez con ustedes, como amiga y como hermana, y he de trabajar noche y día por hacer felices a los descamisados, porque sé que cumplo así con la Patria y con Perón... nosotros somos el pueblo y yo sé que, estando el pueblo alerta, somos invencibles, porque somos la patria misma.»

Adolfo Suárez González (1932): abogado, político, primer presidente del Gobierno de la democracia en España, desempeñó un papel esencial en la transición. Extracto del discurso pronunciado en las Cortes el 9 de junio de 1976, sobre la Ley de Asociaciones Políticas. Sus palabras conciliadoras lograron disolver miedos y suspicacias, y concitar esperanzas de futuro.

«Cuando tantos intérpretes surgen para la voz del pueblo, es lógico y es urgente que nos apresuremos a escuchar la voz real del pueblo, que la tiene y que quizá sea muy diferente de como pensamos todos... De vuestra votación dependerá que la palabra "pueblo" no se quede en una mera formulación teórica. De vuestro voto depende que ese pueblo se pueda organizar por afinidad de ideas, para arrinconar a los intérpretes gratuitos de sus aspiraciones. De vuestro voto depende, en suma, que hoy demos un paso importante hacia la democracia, bajo el signo de las libertades sociales... os invito a que, sin renunciar a ninguna de nuestras convicciones, iniciemos la senda racional de hacer posible el entendimiento por vías pacíficas. Este pueblo nuestro pienso que no nos pide milagros ni utopías. Pienso que nos pide, sencillamente, que acomodemos el derecho a la realidad, que hagamos posible la paz civil por el camino de un diálogo que sólo se podrá entablar con todo el pluralismo social dentro de las instituciones representativas.»

Charles Spencer Chaplin (1889-1977): actor cómico, compositor, escritor, productor y director de cine británico. Discurso pronunciado en «*El Gran Dictador*» (1940): el barbero judío al que interpreta es invitado a pronunciar un discurso a todo el país —por su parecido físico con Hynkel, el dictador de Tomania que ha sido arrestado—. De la inseguridad, suavidad y timidez inicial de una alocución improvisada y no prevista, evoluciona a la vehemencia, exaltación y firmeza con la que defiende sus convicciones al final de ella. Su crítica a los regímenes totalitarios destaca por su carácter reivindicativo y rebelde, pero a la vez motivador y cargado de esperanza.

«*Queremos hacer felices a los demás, no hacernos desgraciados... En este mundo hay sitio para todos, y la buena tierra es rica y puede alimentar a todos los seres. El camino de la vida puede ser libre y hermoso, pero lo hemos perdido. La codicia ha envenenado las armas, ha levantado barreras de odio, nos ha empujado hacia las miserias y las matanzas... Más que máquinas, necesitamos más humanidad. Más que inteligencia, tener bondad y dulzura... Vosotros, los hombres, tenéis el poder. El poder de crear máquinas, el poder de crear felicidad, el poder de hacer esta vida libre y hermosa y convertirla en una maravillosa aventura. En nombre de la democracia, utilicemos ese poder actuando todos unidos. Luchemos por un mundo nuevo, digno y noble que garantice a los hombres un trabajo, a la juventud un futuro y a la vejez seguridad. Luchemos por el mundo de la razón. Un mundo donde la ciencia, el progreso, nos conduzca a todos a la felicidad.*»

Winston Leonard Spencer-Churchill (1874-1965): primer ministro británico, distinguido también con el Premio Nobel de Literatura, reconocido por su liderazgo, capacidad oratoria y sentido del humor. Se muestra a continuación una parte nuclear del discurso que pronunció en 1940 ante la Cámara de los Comunes, en el contexto bélico de la II Guerra Mundial en la que Alemania amenazaba seriamente a Inglaterra, a Europa y al mundo. Su intervención es recordada especialmente por su carácter trascendental, su tono motivador y su ofrecimiento de «sangre, sudor y lágrimas».

«*No tengo nada más que ofrecer que sangre, esfuerzo, lágrimas y sudor... Tenemos ante nosotros muchos, muchos, largos meses de combate y sufrimiento. Me preguntáis: ¿cuál es nuestra política? Os lo diré: hacer la guerra por mar, por tierra y por aire, con toda nuestra potencia y con toda la fuerza que Dios nos pueda dar; hacer la guerra contra una tiranía monstruosa, nunca superada en el oscuro y lamentable catálogo de crímenes humanos. Ésta es nuestra política. Me preguntáis: ¿cuál es nuestra aspiración? Puedo responder con una palabra: victoria. Victoria a toda costa; victoria a pesar de todo el terror; victoria por largo y duro que pueda ser su camino; porque, sin victoria, no hay supervivencia. Tened esto por cierto; no habrá supervivencia para todo aquello que el Imperio Británico ha defendido; no habrá supervivencia para el estímulo y el impulso de todas las generaciones, para que la humanidad avance hacia su objetivo. Pero yo asumo mi tarea con ánimo y esperanza... En este tiempo me siento autorizado para reclamar la ayuda de todas las personas y para decir: Venid, pues, y vayamos juntos adelante con nuestras fuerzas unidas.»*

Martin Luther King, Jr. (1929-1968): pastor estadounidense que luchó decididamente en defensa de los derechos de los afroamericanos y de las minorías esgrimiendo una actitud pacifista. Fue reconocido con el Premio Nobel de la Paz. Murió finalmente asesinado en Memphis. Entresacamos algunos mensajes clave de su famoso discurso *I have a dream*, que pronunció en Washington en 1963 ante unas doscientas mil personas, en la escalinata del monumento a Abraham Lincoln, y que se ha convertido en un referente y un clásico de la oratoria. Se trata de un alegato en favor de la igualdad y en contra de la discriminación, al racismo y a la marginación.

«No busquemos saciar nuestra sed de libertad bebiendo de la copa de la crueldad y del odio... muchos de nuestros hermanos blancos han llegado a ser conscientes de que su destino está ligado a nuestro destino. Han llegado a darse cuenta de que su libertad está inextricablemente unida a nuestra libertad... Tengo un sueño: que un día esta nación se pondrá en pie... / todos los hombres han sido creados iguales... / que los hijos de quienes fueron escla-

vos y los hijos de quienes fueron propietarios de esclavos serán capaces de sentarse juntos en la mesa de la fraternidad... / mis cuatro hijos vivirán algún día en una nación en la que no serán juzgados por el color de su piel sino por su reputación... / niños negros y niñas negras podrán darse la mano con niños blancos y niñas blancas, como hermanas y hermanos... Con esta fe seremos capaces... de trabajar juntos, de rezar juntos, de luchar juntos, de ir a la cárcel juntos, de ponernos de pie juntos por la libertad, sabiendo que un día seremos libres... podremos acelerar la llegada de aquel día en el que todos los hijos de Dios, hombres blancos y hombres negros, judíos y gentiles, protestantes y católicos, serán capaces de juntar las manos y cantar con las palabras del viejo espiritual negro: ¡Al fin libres! ¡Al fin libres! ¡Gracias a Dios Todopoderoso, somos al fin libres!»

John Fitzgerald Kennedy (1917-1963): presidente de los Estados Unidos desde 1961 hasta que fuera asesinado en 1963. Junto a su tumba figuran grabadas algunas frases de su famoso discurso inaugural: «*Y así, mis compatriotas estadounidenses, no se pregunten lo que su país puede hacer por ustedes; pregúntense lo que ustedes pueden hacer por su país. Mis compatriotas ciudadanos del mundo, no pregunten lo que Estados Unidos puede hacer por ustedes, sino lo que juntos podemos hacer por la libertad del hombre*». Pocos meses antes había pronunciado en Berlín Occidental —la capital se hallaba dividida por el Muro— un alegato contra el sistema soviético. Sus palabras de solidaridad avivaron el orgullo de sentirse alemán y alentaron los deseos de reforzar su lucha por la libertad.

«¡Hoy, en el mundo de la libertad, no hay mayor orgullo que poder decir Ich bin ein Berliner *(Soy berlinés). Hay mucha gente en el mundo que realmente no comprende, o dice no comprender, cuál es la gran diferencia entre el mundo libre y el mundo comunista. Decidles que vengan a Berlín... La libertad tiene muchas dificultades y la democracia no es perfecta. Pero nosotros no tenemos que poner un muro para retener a nuestro pueblo, para*

impedir que nos abandonen... Mientras el muro es la más obvia y viva demostración del fracaso del sistema comunista, el mundo entero puede ver que no encontramos ninguna satisfacción en ello. Para nosotros... es una ofensa no sólo contra la historia, sino también una ofensa contra la humanidad, separando familias, dividiendo maridos y esposas, hermanos y hermanas... La libertad es indivisible, y cuando un hombre es esclavizado, ¿quién está libre?... Todos los hombres libres, dondequiera que vivan, son ciudadanos de Berlín. Y por tanto, como hombres libres, con orgullo digo estas palabras: Ich bin ein Berliner.»

Salvador Allende Gossens (1908-1973): médico, político socialista y presidente de Chile hasta el golpe de estado de Augusto Pinochet. Incluimos un extracto del valiente discurso final, pronunciado en Radio Magallanes en septiembre de 1973, mientras el Palacio de la Moneda estaba siendo atacado —sin la seguridad de que su voz estuviese siendo escuchada—, con plena conciencia de la trascendencia de las que serían sus últimas palabras, poco antes de suicidarse. Su intervención —aunque teñida de cierta decepción y preocupación— ofrece un mensaje emotivo de esperanza, de compromiso con la libertad y de agradecimiento y lealtad al pueblo chileno, al que anima a luchar y a no rendirse.

«*Seguramente ésta será la última oportunidad en que pueda dirigirme a ustedes... Mis palabras no tienen amargura sino decepción... ¡Yo no voy a renunciar! Colocado en un tránsito histórico, pagaré con mi vida la lealtad del pueblo... Tienen la fuerza, podrán avasallarnos, pero no se detienen los procesos sociales ni con el crimen ni con la fuerza. La historia es nuestra y la hacen los pueblos... Quiero agradecerles la lealtad que siempre tuvieron, la confianza que depositaron en un hombre que sólo fue intérprete de grandes anhelos de justicia, que empeñó su palabra en que respetaría la Constitución y la ley, y así lo hizo. En este momento definitivo, el último en que yo pueda dirigirme a ustedes, quiero que aprovechen la lección... Seguramente Radio Magallanes será acallada y el metal tranquilo de mi voz ya no llegará a ustedes. No importa. La seguirán oyendo. Siempre estaré junto a ustedes. Por lo menos mi recuerdo será el de un hombre digno que fue leal con la Patria... tengo fe en Chile y su destino... mucho más temprano que tarde, de nuevo se abrirán las grandes alamedas por donde pase el hombre libre, para construir una sociedad mejor. ¡Viva Chile! ¡Viva el pueblo! ¡Vivan los trabajadores!»*

Severn Cullis-Suzuki (1979): activista canadiense en la defensa del medio ambiente, ecóloga, bióloga; a la edad de diez años funda la Organización Infantil del Medio Ambiente. Leyó su discurso «Lucho por mi futuro» cuando contaba poco más de 12 años, en la Cumbre de la Tierra de 1992 celebrada por la ONU en Río de Janeiro. Obtuvo el reconocimiento y el merecido y sincero aplauso de la audiencia; muchas personas identifican este discurso como el de «la niña que silenció al mundo». Su mensaje crítico —de denuncia de acuerdos incumplidos—, persuasivo, sensibilizador y comprometido con la causa por la que aboga logra concienciar, a la vez que mueve a la reflexión y al cambio.

«... Lucho por mi futuro... Estoy aquí para hablar en nombre de todas las generaciones por venir.... / en defensa de los niños hambrientos del mundo cuyos lloros siguen sin oírse.... / para hablar por los incontables animales que mueren en este planeta... Durante mi vida, he soñado con ver las grandes manadas de animales salvajes, y las junglas y bosques repletos de pájaros y mariposas, pero ahora me pregunto si existirán siquiera para que mis hijos los vean... Todo esto ocurre ante nuestros ojos, y seguimos actuando como si tuviéramos todo el tiempo que quisiéramos y todas las soluciones. Soy sólo una niña y no tengo soluciones, pero quiero que se den cuenta: ustedes tampoco las tienen... Si no saben cómo arreglarlo, por favor, dejen de estropearlo... ¿por qué nosotros, que lo tenemos todo, somos tan codiciosos?... si todo el dinero que se gasta en guerras se utilizara para acabar con la pobreza y buscar soluciones medioambientales, la Tierra sería un

lugar maravilloso... Ustedes nos enseñan a no pelear con otros, a arreglar las cosas, a respetarnos, a enmendar nuestras acciones, a no herir a otras criaturas, a compartir y a no ser codiciosos. Entonces, ¿por qué fuera de casa se dedican a hacer las cosas que nos dicen que no hagamos?... Mi padre siempre dice: "Eres lo que haces, no lo que dices"... Les desafío: por favor, hagan que sus acciones reflejen sus palabras.»

Ernesto «Che» Guevara de la Serna (1928-1967): medico, político y guerrillero revolucionario. Nació en Argentina y luchó muy activamente por la revolución cubana, país en el que desempeñó cargos vinculados a la economía y la industria. Murió finalmente asesinado en Bolivia. Algunos fragmentos de su discurso, en la Asamblea General de las Naciones Unidas en 1964, dejan entrever su gran carisma, educación, inteligencia y capacidad de liderazgo.

«Ya ha sonado la hora postrera del colonialismo y millones de habitantes de África, Asia y América Latina se levantan al encuentro de una nueva vida e imponen su irrestricto derecho a la autodeterminación y al desarrollo independiente de sus naciones... Cuba no reconoce el derecho de los Estados Unidos, ni de nadie en el mundo, a determinar el tipo de armas que pueda tener dentro de sus fronteras. Ante las exigencias del imperialismo, nuestro primer ministro planteó los cinco puntos necesarios para que existiera una sólida paz en el Caribe...: cese del bloqueo económico... cese de todas las actividades subversivas... cese de los ataques piratas... cese de todas las violaciones de nuestro espacio aéreo y naval... retirada de la Base Naval de Guantánamo... Porque esta gran humanidad ha dicho ¡Basta! y ha echado a andar. Y su marcha, de gigantes, ya no se detendrá hasta conquistar la verdadera independencia, por la que ya han muerto más de una vez inútilmente... esta disposición nueva de un continente, de América, está plasmada y resumida en el grito que, día a día, nuestras masas proclaman como expresión irrefutable de su decisión de lucha, paralizando la mano armada del invasor...: "Patria o muerte".»

Dalái-lama-Tenzin Gyatso (1935): líder espiritual y decimocuarto dirigente del Gobierno tibetano en el exilio. Con la paz y la libertad como anclajes de su reivindicación, se ofrece a continuación una selección de momentos destacados del discurso ofrecido en 1989 al recibir el Premio Nobel de la Paz.

«Hermanos y hermanas... Les hablo solamente como otro ser humano, como un sencillo monje... No hablo con un sentimiento de ira u odio contra aquellos que son responsables del inmenso sufrimiento de nuestro pueblo y de la destrucción de nuestra tierra, nuestros hogares y nuestra cultura. Ellos también son seres humanos que luchan por encontrar la felicidad y merecen nuestra compasión... La comprensión de que somos básicamente seres humanos semejantes que buscan felicidad e intentan evitar el sufrimiento es muy útil para desarrollar un sentido de fraternidad, un sentimiento cálido de amor y compasión por los demás... En algunos países se concede demasiada atención a las cosas externas y muy poca importancia al desarrollo interior. Creo que ambos son importantes... La clave es la paz interior... En este estado mental se pueden afrontar las situaciones con razonamiento y tranquilidad... Sin paz interior, por muy confortable que sea la vida material, aún se estará preocupado, molesto o triste por diferentes circunstancias... La responsabilidad no descansa sólo en los líderes... Está individualmente en cada uno de nosotros. La paz empieza dentro de cada uno. Cuando poseemos paz interior, podemos estar en paz con todos a nuestro alrededor. Cuando nuestra comunidad está en un estado de paz, esa paz puede ser compartida con nuestras comunidades vecinas. Cuando sentimos amor y bondad hacia los demás, esto no logra sólo que los demás se sientan amados y protegidos, sino que nos ayuda también a nosotros a desarrollar paz y felicidad interior...»

Vladimir Ilich Lenin (1870-1924): político ruso, teórico comunista y líder bolchevique, principal artífice de la Revolución de Octubre y primer dirigente de la Unión Soviética. Se exponen a continuación algunos fragmentos de su proclama persuasiva, pronunciada en abril de 1917 tras su regreso a Rusia. Cargado de fuerza, en un tono imperativo y salpicado de exclamaciones, pretende encaminar al pueblo ruso hacia la revolución. El curso de la historia permite contemplar con cierta perspectiva el fondo y forma con los que se defendieron las diferentes propuestas ideológicas.

«Queridos camaradas, soldados, marineros y trabajadores: me siento feliz al saludarles en nombre de la victoriosa revolución rusa... Ya no está lejos la hora en que... el pueblo volverá sus armas contra los capitalistas que le explotan... ¡Viva la revolución socialista mundial!... cuando les dicen dulces discursos, y les llenan de promesas, les están engañando, y con ustedes a todo el pueblo ruso. El pueblo necesita pan y tierra. Y ellos dan guerra, hambre, falta de comida, y las tierras se quedan para los terratenientes. Marineros, camaradas, tienen que luchar por la revolución. ¡Luchemos hasta el final! Camaradas, trabajadores y campesinos, el momento del que tanto hemos hablado los bolcheviques por fin ha llegado... En Rusia un gran número de campesinos ha decidido que ya ha trabajado suficiente para el capitalismo... Un decreto que ponga fin a la propiedad de la tierra fortalecerá la confianza de los trabajadores. Vamos a constituir un control genuino de los trabajadores sobre la producción... Poseemos la fuerza de las masas organizadas, capaces de superar todos los obstáculos y de conducir al proletariado a la revolución mundial. Ahora hay que construir un estado del proletariado en Rusia. ¡Larga vida a la revolución socialista del mundo!»

Abraham Lincoln (1809-1865): presidente de Estados Unidos del que se han destacado su honradez, perseverancia, sencillez y sentido de la justicia, su capacidad oratoria y su lucha activa contra la esclavitud. Murió asesinado. Fragmentos de su famoso discurso de Gettysburg, pronunciado el 19 de noviembre de 1863.

«Hace ochenta y siete años, nuestros padres dieron a luz a una nueva nación en este continente, concebida en libertad y consa-

*grada a la idea de que todos los hombres son creados iguales...
Hombres valientes, vivos y muertos, que lucharon aquí lo consa-
graron más allá de nuestra exigua capacidad para valorarlos. El
mundo apenas notará y recordará poco tiempo lo que decimos
hoy pero nunca olvidará lo que ellos hicieron. Es mejor que nosotros, los vivos, nos dediquemos a continuar el trabajo inconclu-
so que tan noblemente adelantaron aquellos que aquí pelearon.
Es mejor que estemos aquí para consagrarnos a la gran tarea que
perdura ante nosotros; que tomemos con incrementada devoción
la causa a la que estos muertos que honramos hoy dieron el definitivo significado; que resolvamos hoy aquí con grandeza que sus
muertes no han sido en vano; que esta nación, bajo la protección
de Dios, volverá a nacer a la libertad; que el gobierno del pueblo,
por el pueblo, para el pueblo, no desaparecerá de la Tierra.»*

Adolf Hitler (1889-1945): presidente y canciller de Alemania,
ideólogo del Partido Nacionalsocialista Alemán de los Trabajadores,
dirigió un régimen totalitario conocido como Tercer Reich. Fragmentos
del discurso pronunciado en 1934 dirigido a enaltecer el espíritu de
la juventud alemana.

*«... queremos que vosotros, muchachos y muchachas alema-
nes, os impregnéis de todo aquello que anhelamos para Alemania...
Queremos ser un pueblo, y a través de ustedes llegar a ser ese
pueblo... queremos una sociedad sin castas ni rangos sociales...
queremos ver un imperio, y vosotros debéis autoinstruiros para
ello... queremos que este pueblo sea obediente, y debéis practicar
obediencia en vosotros mismos... queremos que este pueblo sea
amante de la paz, pero al mismo tiempo que sea valiente... y debéis por esa razón ser ambas cosas... queremos que este pueblo no
se torne blando, sino que se fortalezca, y por consiguiente debéis
endureceros a vosotros mismos... aprender a sacrificaros, a no
desfallecer nunca... Alemania perdurará en vosotros, y cuando
nosotros ya no podamos sostener la bandera... vosotros debéis
mantenerla firmemente en vuestros puños... vosotros sois carne*

de nuestra carne y sangre de nuestra sangre. El mismo espíritu que nos gobierna hierve en vuestras mentes jóvenes.»

Madre Teresa de Calcuta, Agnes Gonxha Bojaxhiu (1910-1997): religiosa albanesa, nacionalizada en la India, fundadora de las Misioneras de la Caridad y beatificada por Juan Pablo II. A continuación se incluye un extracto de su alocución pronunciada en 1989 en Perú, en el Congreso sobre la Reconciliación en Tiempos de Pobreza y Violencia. Sus palabras, refrendadas por el ejemplo de una vida ejemplar, desvelan su gran generosidad, amor al prójimo y entrega a los más pobres.

«Pidámosle a Nuestra Señora, nuestra Madre, que nos dé un corazón lleno de amor, un corazón inmaculado, un corazón puro, un corazón lleno de humildad... Jesús nos ha dicho: "lo que hagan por el más pequeño de los míos me lo hacen a mí. Si dan un vaso de agua en mi nombre, a mí me lo dan; si ustedes reciben a un niño pequeño en mi nombre, me reciben a mí"... Y el hambre no es solamente de pan. El hambre es de amor, de reconciliación. ¡Es tan hermoso saber que podemos amarnos unos a otros con el corazón puro, perdonando cada uno al otro!... La primera reconciliación la tenemos que hacer con Dios; su amor y su paz nos darán el coraje que necesitamos para reconciliarnos unos con otros y vivir en su amor. Por eso es muy importante la oración, porque el fruto de la oración es la fe, y el fruto de la fe es el amor, y el fruto del amor es el servicio y el fruto del servicio es la paz. Los actos de amor son siempre actos de paz. ¿Y dónde empieza este amor? En nuestra propia familia... ¿Alguna vez han experimentado el gozo de amar dando hasta que duela?... No se trata de cuánto demos, sino de cuánto amor ponemos en lo que damos... Que Dios les bendiga.»

Nelson Rolihlahla Mandela (1918): abogado, político, pasó veintisiete años en prisión, y fue el primer presidente democrático de Sudáfrica. Se ha convertido en un referente y símbolo de la lucha contra el apartheid y a favor de la igualdad. Su espíritu de reconciliación contribuyó a que fuese galardonado con el Premio Nobel de la Paz en 1993. Las siguientes palabras fueron pronunciadas en Pretoria, en 1964, en su defensa en el caso del juicio de Rivonia.

«Sudáfrica es el país más rico de África y podría ser uno de los países más ricos del mundo. Pero es una tierra de extremos y contrastes notables. Los blancos gozan de lo que muy bien puede ser el más alto nivel de vida en el mundo, mientras que los africanos viven en la pobreza y la miseria... queremos igualdad de derechos políticos, porque sin ellos nuestra limitación será permanente. Sé que esto suena revolucionario para los blancos en este país, porque la mayoría de los votantes serán los africanos. Esto hace que el hombre blanco tema a la democracia. Pero este miedo no puede permitir que se interponga en el camino la única solución que garantice la armonía racial y la libertad para todos... Es una lucha por el derecho a vivir... He luchado contra la dominación blanca y he luchado contra la dominación negra. He acariciado el ideal de una sociedad democrática y libre en la que todas las personas vivan juntas en armonía y con igualdad de oportunidades. Se trata de un ideal que espero poder vivir y poder lograr. Pero si tuviera que ser de otra forma, es un ideal por el cual estoy dispuesto a morir.»

Pericles (495 a. C.-429 a. C.): destacado político y orador ateniense. Se han seleccionado algunos extractos de su conocido «Discurso fúnebre», recogido por Tucídides en *Historia de la Guerra del Peloponeso*. Entre las palabras que Tucídides pone en boca de Pericles, de elogio y en memoria de los fallecidos en el conflicto entre Atenas y Esparta, ofrece en la primera parte de su disertación una imagen idealizada de la democracia ateniense y de las libertades y privilegios que poseen los ciudadanos.

«Tenemos un régimen político que... es modelo para otros... A todo el mundo asiste, de acuerdo con nuestras leyes, la igualdad de derechos en los conflictos privados, mientras que para los ho-

nores, si se hace distinción en algún campo, lo que da acceso a ellos no es la pertenencia a una categoría sino el mérito... Gobernamos libremente lo relativo a la comunidad... tampoco transgredimos los asuntos públicos... nos hemos procurado frecuentes descansos..., y decorosas casas particulares... disfrutamos los bienes que aquí se producen... mantenemos nuestra ciudad abierta... Por todo ello la ciudad es digna de admiración... Amamos la belleza con economía y amamos la sabiduría sin laxitud, y usamos la riqueza más como oportunidad para actuar que como ostentación de palabra... cada ciudadano de entre nosotros podría procurarse, en los más variados aspectos, una vida muy completa con la mayor flexibilidad y belleza. Y estas cosas no son jactancia retórica del momento actual sino la verdad de los hechos...»

Se pueden encontrar palabras igualmente ilustrativas en otros muchos discursos: **Galileo Galilei**, retractándose de su teoría heliocéntrica ante los tribunales de la Iglesia en 1633; **Jesús de Nazaret,** en el sermón de la montaña, según queda recogido en el Evangelio; **Miguel de Unamuno,** como rector de la Universidad de Salamanca en 1936, en su argumentación en el debate mantenido con José Millán-Astray, etc.

Remitimos al lector al anexo final, en el que encontrará la descripción de muchos de los diversos recursos retóricos utilizados, y que han aportado elocuencia a los anteriores discursos y a tantos otros que han logrado alcanzar cierta relevancia histórica.

PRÁCTICA DE ANÁLISIS DE UN DISCURSO

- *Discurso*: selección de un discurso, audio/vídeo, texto.
- *Orador*: biografía, perfil, características más relevantes.
- *Público*: perfil, número, predisposición.
- *Contexto*: histórico, social, político, económico, cultural, científico, académico...
- *Análisis*:

1. Objetivo.
2. Estructura: Inicio / Desarrollo / Conclusión.
3. Elementos relevantes de la exposición / argumentación.
4. Lenguaje: vocabulario, semántica, gramática, pragmática.
5. Frases destacadas.
6. Recursos retóricos.
7. Comunicación no verbal.
8. Valoración general.

22

CONSEJOS FINALES
PRACTICAR, PRACTICAR, PRACTICAR

*«El que en un arte ha llegado a maestro,
puede prescindir de las reglas.»*

ARTURO GRAF

ERRORES MÁS FRECUENTES

Podríamos recordar aquello que hemos considerado como adecuado en la oratoria, y decidir sencillamente que lo contrario resultaría inadecuado:

- Amabilidad, cortesía, educación.
- Respeto.
- Aprecio.
- Generosidad, actitud de servicio.
- Sinceridad...

Se cometen con relativa frecuencia algunos fallos que son retóricamente contraproducentes, y que en algunos casos podríamos incluso considerar como poco éticos.

Sin la pretensión de ser exhaustivos, pero con una clara intención de sistematizar y poner de relieve los errores más destacados y frecuentes, los hemos clasificado en diversas categorías: fallos en la preparación, en la explicación, en la argumentación, en la dicción, en el uso del lenguaje, en la amenidad, errores personales.

- **Fallos en la preparación**

- Escasa preparación de la exposición. *Improvisación.*

- *Desconocimiento* del tema. Escasa investigación y profundización.
- Falta de preparación, *ensayos,* ejecución previa.
- Falta de *previsión* sobre disponibilidad y utilización de apoyos audiovisuales.

- **Fallos en la explicación**

- Excesiva *complejidad.*
- *Cientificismo,* excesiva erudición.
- *Oscuridad.* Utilización de expresiones incomprensibles.
- *Abstracción,* falta de concreción.
- *Ambigüedad,* imprecisión en el uso de los términos, confusión de significados.
- *Simplicidad,* superficialidad.
- Excesiva *repetición* simplista.
- *Paternalismo,* pedagogismo.
- *Sobreactuación.* Excesiva atención y cuidado a la forma.

- **Fallos en la argumentación**

- Abuso de los *recursos* oratorios.
- *Demagogia.* Simplificación excesiva.
- *Subjetivismo.* Criba selectiva y subjetiva de la información.
- *Exageración,* deformación, desfiguración.
- *Dogmatismo.* Integrismo, imposición de la doctrina que llama a la exclusión de cualquier disidencia, prohibiendo cualquier desacuerdo, crítica, oposición, desviación.
- *Proselitismo.* Absolutización de una doctrina, menospreciando a aquellas personas que no la comparten.
- *Adulación* excesiva, abuso de la alabanza.

- **Fallos en la dicción o pronunciación**

- *Tartamudeo,* repetición de la sílaba inicial.

- *Balbuceo,* pronunciación vacilante.
- *Pronunciación nasal.*
- *Reiteración fonética:* tono, ritmo o entonación monótonos.

- **Fallos en el uso del lenguaje**

- Uso *incorrecto del lenguaje:* fonético, morfológico, sintáctico, léxico, semántico.
- *Alteraciones gramaticales:* exceso o ausencia de conjunciones, artículos, preposiciones.
- *Errores léxicos:* neologismos, arcaísmos.
- *Barbarismos por agregación* de sonidos: desaveniencia, mendingar, hicistes.
- *Barbarismos por supresión* de sonidos: *qui'cir* por quiero decir; *ná* por nada; *arreglao* por arreglado, *trascurrir* por transcurrir.

- **Fallos en la amenidad**

- *Monotonía,* falta de variedad.
- *Aburrimiento.* Incapacidad para despertar y mantener el interés de la audiencia.
- *Prolijidad,* alargamiento innecesario, reiteración.
- *Repetición* excesiva de determinados términos o profundización innecesaria en algunos contenidos.
- *Extensión* excesiva del discurso.
- *Sarcasmo.* Utilización inadecuada del humor, con mal gusto. Humor agresivo, hiriente, grosero, basado en el insulto, la crítica al adversario o a determinadas personas o colectivos.
- *Reír* las propias gracias.
- *Abuso* del humor, de tópicos, de refranes o frases hechas.
- Escasa habilidad para crear un *clima* propicio de aceptación.
- Falta de empatía, inadaptación al contexto.

- **Fallos personales**

- *Narcisismo,* egocentrismo, afán de protagonismo, autocomplacencia, vanidad.
- *Engreimiento,* presunción, exhibicionismo, autosuficiencia, prepotencia.
- *Pedantería,* autobombo.
- *Histrionismo.*
- *Ingenuo* optimismo.
- *Negativismo.*
- *Falta de autocontrol.*
- *Vulgaridad,* chabacanería, grosería.
- *Exceso de humildad.*
- *Falta de sensibilidad.*
- *Agresividad,* actitud amenazante, desafiante.
- *Autodefensa,* justificación, inseguridad.

- **Algunas frases que podemos evitar**

- *«Me ha tocado hablarles de…»*
- *«No soy el más indicado…»*
- *«En mi modesta opinión…»*
- *«Siento que el tema no sea especialmente interesante…»*
- *«Yo…, yo…, yo….»*
- *«No me ha entendido»*
- *«No soy especialista en el tema…»*
- *«Dados mis escasos conocimientos…»*
- *«Como todos ustedes saben…»*
- *«Y ya para terminar…»*
- *«Termino enseguida…»*
- *«Disculpen mi nerviosismo…»*
- *«Perdonen mi atrevimiento…»*
- *«Siento mucho no haber podido preparar suficientemente…»*
- *«Espero que les haya gustado…»*
- …

OBSERVAR, ANALIZAR, EVALUAR

A ser buen orador también se aprende siendo público, escuchando, observando. Es conveniente realizar ejercicios de crítica y autocrítica sobre los discursos recibidos o protagonizados. Esta actividad será tanto más eficaz cuanto más constructiva y positiva sea la crítica y la orientación de estas observaciones.

La escucha y el estudio de diferentes oradores, la lectura de discursos de diversa índole, que versen sobre temas diferentes, y que tengan propósitos y busquen objetivos diferentes, nos permite por un lado descartar, y por otro imitar ciertas conductas, técnicas, destrezas o recursos.

La suma de todas las cualidades recopiladas en la observación de otros oradores nos ayudará a construir y a elaborar lo que sería el perfil de nuestro *orador ideal,* ese modelo hacia el que podemos tender, y en el que podemos proyectar y potenciar nuestro propio estilo personal.

La recepción de un discurso y su posterior crítica implican la obtención de una visión y una impresión *global* del mismo, pero también un proceso de *desmenuzamiento,* a través del cual se pueden descomponer y analizar los diversos elementos por separado:

- Logro del objetivo o propósito.
- Introducción.
- Contenido, tratamiento del tema.
- Estructura.
- Argumentación.
- Interés suscitado, originalidad.
- Expresión, dicción y articulación de sonidos.
- Lenguaje, construcción gramatical, vocabulario.
- Comunicación no verbal, gestos y movimientos, mirada.
- Voz, entonación y volumen.
- Velocidad, ritmo de exposición.
- Control de los nervios, autocontrol emocional.

- Utilización de recursos retóricos.
- Humor, anécdotas, ejemplos.
- Utilización y adecuación de apoyos audiovisuales.
- Participación de la audiencia.
- Manejo de las preguntas.
- Conclusión.
- Control del tiempo.
- Valoración global.

Una vez analizados cada uno de los puntos clave del discurso, deben ser *valorados* y *evaluados*. El examen detenido, el estudio reflexivo y pormenorizado, la ponderación de los diversos factores y elementos que lo componen, son determinantes para el éxito en futuros discursos. A partir de ese análisis se pueden corregir los defectos, eliminar los vicios, pulir las técnicas y perfeccionar el estilo.

LAS CLAVES

Hace algunos años tuve ocasión de impartir un curso de presentaciones eficaces para un equipo de comerciales de una importante empresa de informática. Tras exponer la parte teórica y gran parte de las estrategias y técnicas que recoge este libro, realizamos una práctica de presentaciones en público. Uno de los asistentes, campechano y físicamente corpulento, decidió que aquel entorno de confianza y camaradería era el contexto adecuado para transgredir las estrategias que se habían expuesto. Se quitó la chaqueta, prácticamente se arrancó la corbata del cuello con un gesto ostensible, rebelde y decidido, y sacó su camisa por fuera del pantalón. Sus primeras palabras fueron: «*Tienen delante de ustedes al mejor comercial de este país*».

Lejos de realizar una presentación formal siguiendo las normas al uso, en este caso el ponente optó por personalizar y destacar su exposición de la del resto de asistentes al curso. Un recurso muy eficaz en un contexto puede no serlo tanto en otro. Habría que valorar la relativa eficacia de esta misma estrategia si estuviésemos realizando la presentación en la empresa de un cliente ante el equipo directivo, y no en el marco de un curso de formación.

A lo largo del desarrollo de este libro hemos desgranado las claves de la teoría y la práctica de la oratoria. Ahora ha llegado la hora de poner en práctica lo aprendido y de aplicar nuestros nuevos conocimientos y habilidades al mundo académico, empresarial, político, social, o a cualquier otro ámbito.

Durante el desarrollo del libro hemos mencionado algunas *palabras clave* que, reunidas en el siguiente listado, nos aportan una visión global y nos pueden ayudar a sintetizar gran parte de los contenidos:

Conocimiento.
Preparación.
Práctica.
Confianza.
Seguridad.
Flexibilidad.
Tacto.
Autoanálisis.
Experiencia.

Vamos a concluir ahora recogiendo también algunos aspectos y *matices* que dan sentido y valor a las principales técnicas expuestas. Una breve síntesis de *consejos finales* podría recoger los siguientes:

- *Ser uno mismo.*
- Marcar las presentaciones con el sello de la propia *personalidad.*
- Ser *flexibles* en cuanto a la aplicación de las técnicas.
- *Adaptarlas* a cada contexto y a la evolución misma de la presentación.
- Disponer de *alternativas* durante la presentación.
- Apreciar *críticamente* las presentaciones de otras personas.
- *Recopilar* anécdotas, ejemplos, chascarrillos, citas de autores.

Muchos oradores excepcionales dejan entrever a lo largo de su discurso que:

- Se sienten a gusto *consigo* mismos.
- Están *orgullosos* de poder hablar del tema en cuestión.
- Se *entregan* a los asistentes y a la ponencia.
- Evitan hacer perder el *tiempo* a la audiencia.
- Miden bien el efecto que pueden tener sus *palabras.*

A través del lenguaje y de sutiles canales de comunicación no verbal se deja traslucir en el discurso si el ponente merece nuestra confianza, si obra de buena fe, si hay cierta sintonía y afinidad con él.

Ha llegado el momento de disfrutar nosotros y de hacer disfrutar a la audiencia con nuestro discurso. La oratoria, que al inicio resultaba tan temida y compleja, ahora, con una *actitud positiva*, con el *conocimiento y aplicación de sus reglas básicas* y con la *práctica*, pasa a convertirse en algo *sencillo y deseado.*

ALGUNAS CLAVES

1. Aceptar y manejar los *nervios.*
2. *Preparar* la presentación.
3. Ensayar. *Practicar.*

---

4. *Mirar* a la audiencia.
5. Cuidar la *presencia* física.
6. Evitar el exceso de *movimientos*.
7. Cuidar el *lenguaje*.
8. Transmitir *credibilidad*.
9. Utilizar adecuadamente el *humor*.
10. Adecuar los *apoyos audiovisuales*.

El estilo personal es inimitable. Lo ideal es adaptar las estrategias expuestas al propio estilo. El éxito es una mezcla de todos los elementos que hemos ido desarrollando, pero aderezado con la *química* personal y amparado por ciertas dosis de *buena suerte*.

PRÁCTICA DE PRESENTACIÓN PERSONAL

— Prepare una *presentación personal* de usted mismo.

— La duración de la intervención será de *siete minutos*.

— El objetivo es facilitar que, en poco tiempo, otras personas *puedan conocerle*.

— Reflexione sobre usted mismo y seleccione la *información y datos* que desea dar a conocer.

— *Amplíe* la perspectiva, evite limitarse al estándar de datos personales, formación, experiencia.

— *Personalice* la presentación.

— Decida el *orden* en el que desea presentar la información.

— Diseñe la presentación para que resulte *amena, interesante, persuasiva, creativa*.

— Seleccione los *medios/metodología*: proyección, objetos, pizarra, rotafolios, tarjetas...

— Algunas sugerencias de *contenidos* que pueden abordarse:

  • Rasgos destacados de su personalidad.

  • Cualidades y limitaciones más significativas.

- Capacidades, aptitudes, habilidades.
- Conocimientos, aprendizajes y experiencias notables.
- Éxitos y fracasos destacados.
- Momentos vitales de especial relevancia.
- Áreas de interés, aficiones, gustos.
- Valores, actitudes, convicciones personales.
- Objetivos personales, académicos, profesionales.

EVALUACIÓN DEL DISCURSO

CRITERIOS	VALORACIÓN Y COMENTARIOS
Preparación	
Logro del objetivo o propósito.	
Introducción	
Desarrollo, contenido, tratamiento del tema.	
Estructura.	
Argumentación.	
Interés suscitado, originalidad.	
Expresión, dicción y articulación de sonidos.	
Lenguaje, construcción gramatical, vocabulario.	
Comunicación no verbal, gestos y movimientos, mirada.	
Voz, entonación y volumen.	

CRITERIOS	VALORACIÓN Y COMENTARIOS
Velocidad, ritmo de exposición, pausas.	
Control de los nervios, autocontrol emocional.	
Utilización de recursos retóricos.	
Humor, anécdotas, ejemplos.	
Utilización y adecuación de apoyos audiovisuales.	
Participación de la audiencia.	
Manejo de las preguntas.	
Conclusión.	
Despedida.	
Control del tiempo.	
Valoración global.	

ANEXO

RECURSOS EN LA ORATORIA
DANDO VIDA A LAS PALABRAS

«Todos los estilos son buenos menos el aburrido.»

VOLTAIRE

RECURSOS EN LA ORATORIA

De las cinco fases de producción del discurso que propuso Aristóteles —invención, disposición, elocución, memoria y acción— es evidente la importancia que tiene la elocución para lograr el objetivo del discurso.

La palabra en sí misma no es elocuente. La forma en que la utilizamos, los recursos con que la embellecemos y le damos fuerza, es lo que imprime carácter al discurso.

En el presente anexo se reúnen, en orden alfabético, toda una serie de definiciones, así como de estrategias y recursos diversos que permiten demostrar, persuadir y deleitar al oyente. Se agrupan bajo el epígrafe genérico de oratoria, recursos que podrían haberse encuadrado en tres apartados diferentes, dentro de la dialéctica, de la retórica y de la poética. Sin embargo, en la mayoría de los casos, no es tan clara la distinción y asignación de cada recurso a cada una de las funciones. Veremos en muchos casos que se entremezclan sus diversas aplicaciones, tanto expresivas, como didácticas, persuasivas o estéticas.

A través de la palabra se describen realidades, se proponen ideas, se expresan sentimientos. Todo ello se puede hacer de muy diferentes formas. Al igual que en la pintura, en la oratoria podemos encontrar diferentes estilos: discursos realistas, abstractos, surrealistas, impresionistas, barrocos, expresionistas. Igual que el pintor puede utilizar diferentes materiales —óleo, temple, acuarela, témpera—, el orador cuenta con diferentes recursos que le permiten decidir el grado de detalle de sus trazos, la diversidad de colores que va a utilizar, la finura y extensión de cada pincelada.

La retórica es el arte de hablar bien, pero también de dar vida, belleza y expresividad a las palabras y al lenguaje, de modo que éste sea eficaz en el logro de nuestro objetivo, consiguiendo así persuadir, emocionar o entretener. La oratoria ofrece toda una gama de posibilidades gracias a la gran variedad de recursos retóricos de los que dispone.

Veremos a continuación, a modo de breve diccionario, un listado con algunas precisiones terminológicas, definiciones de algunos términos importantes y de los recursos más utilizados en la retórica, acompañados ocasionalmente de una breve explicación y algún ejemplo ilustrativo. En algunos casos se mencionan las posibles conexiones, relación y paralelismos que hay entre ellos.

Cabe destacar que el uso *adecuado, dosificado* y *oportuno* de estos recursos es lo que realmente puede aportar riqueza y belleza al discurso.

- **Adjetivo:** partícula que califica o determina al sustantivo. Puede expresar una cualidad de éste, especificarlo, explicarlo, limitarlo, actualizarlo, cuantificarlo, ordenarlo, etc.
- **Aliteración:** repetición notoria del mismo o los mismos sonidos o fonemas en una frase, especialmente las consonantes, lo que contribuye a aumentar la expresividad.

  — «En el silencio sólo se escuchaba un susurro de abejas que sonaba», Garcilaso de la Vega.
  — «Bajo el ala aleve del leve abanico», Rubén Darío.
  — «Y es el mágico pájaro regio que al morir rima el alma en un canto», Rubén Darío.
  — «El ruido con que rueda la ronca tempestad», José Zorrilla.

- **Alusión:** referirse a una persona o cosa sin nombrarla o sin expresar que se habla de ella, o bien mencionándola.

  — «Y cuando llegue el día del último viaje, y esté al partir la nave que nunca ha de tornar...»

- **Ampliación:** extensión, desarrollo, acrecentamiento, dilación, de una idea, expresión o sentimiento.

  — «Todo en ella encantaba, todo en ella atraía; su mirada, su gesto, su sonrisa, su andar...», Amado Nervo.

- **Anacoluto:** incoherencia gramatical o inconsistencia en la construcción de una cláusula. El efecto es de sorpresa cuando se produce una cierta ruptura con lo esperado. Muestra un señalado contraste, con un final inesperado en relación con el enunciado inicial.

  — «Pidió las llaves a la doncella del aposento», Miguel de Cervantes.
  — «Pueden tener tranquilidad, pues llegaremos y con ellos terminaremos.»
  — «Laudandus, ornandus, tollendus». «Debe ser alabado, debe ser honrado, debe ser quitado de en medio», Cicerón de Octavio.
  — «Es un hombre muy trabajador, un buen padre de familia y, por supuesto, un gran mentiroso y un difamador.»

- **Anadiplosis:** (véanse Repetición, Anáfora) repetición de una o varias palabras de un verso u oración al comienzo de la siguiente. La concatenación se produce si se introducen varias anadiplosis seguidas (ver concatenación).
  — «La luna blanca quita al mar / el mar, le da al mar...», Juan Ramón Jiménez.

- **Anáfora:** (véase Repetición) repetición retórica de la misma palabra o conjunto de palabras al inicio de frases, versos o cláusulas sucesivas.

  — «Aquí tengo una voz decidida, / aquí tengo una vida combatida y airada, / aquí tengo un rumor, / aquí tengo una vida», Miguel Hernández.
  — «¿Para quién edifiqué torres? / ¿Para quién adquirí honras? / ¿Para quién planté árboles?», Francisco de Rojas.
  — «Sueña el rico en su riqueza, / que más cuidados le ofrece; / sueña el pobre que padece / su miseria y su pobreza; / sueña el que a medrar empieza; / sueña el que afana y pretende», Calderón de la Barca.
  — «Mintió al pueblo. Mintió a la prensa. Mintió a su propio partido, Y ahora, con mentiras, pretende confundir a este tribunal.»

- **Análisis:** supone la descomposición de un objeto, un acontecimiento, una argumentación, en sus diferentes elementos, observando las relaciones entre ellos, sus semejanzas y diferencias, causas y efectos. Implica la división, separación o distribución adecuada de un todo en varias partes, a partir de algún criterio específico. Es un recurso especialmente válido en la didáctica y en la argumentación.

- **Analogía:** (véanse Comparación, Metáfora) búsqueda de similitudes, en uno o más aspectos, entre dos cosas, proclamando a partir de esto que son similares. Pueden ser literales o figurativas. Similitud no significa identidad. Las analogías figurativas pretenden ejemplificar algo con viveza.

  — «Jugar la partida de la vida».
  — «Pilotar la nave del Estado».
  — «Usted ve los toros desde la barrera, pero no lidia con los problemas del estado» —el presidente dirigiéndose a la oposición.

— «Si Marx fue su Mesías, Lenin fue su San Pablo», Lewis Feuer (analogía del marxismo y del cristianismo).

• **Anécdota:** narrar una historia, un suceso normalmente actual, personal, cercano al oyente. Es un recurso ampliamente utilizado en la oratoria, y cuya incorporación oportuna y adecuada posee un gran poder didáctico y persuasivo.

— «En cierta ocasión… y ocurrió lo siguiente…»

• **Antítesis:** (véase Contraste) figura retórica que consiste en contraponer una palabra o una frase a otra de significado opuesto o contrario. Busca la oposición, contraposición o contraste de ideas o palabras en una misma construcción.

— «Cuando quiero, no lloro / y, a veces, lloro sin querer», Rubén Darío.
— «Sus palabras fueron silenciosas. Sin embargo su silencio acabó estallando en nuestros oídos.»
— «Ir y quedarse, y con quedar partirse…», Lope de Vega.

• **Antonimia** (véase Paradoja): utilización de una palabra que tiene un sentido opuesto o contrario al de otra. Se pueden unir términos que en principio parecen incompatibles entre sí.

— «Su bella fealdad.»
— «La clara oscuridad.»

• **Antonomasia:** sustitución del nombre apelativo por el propio o viceversa.

— «El libertador», por Simón Bolívar.
— «El Salvador», por Jesucristo.

• **Aporía:** (véase Duda retórica).

- **Apóstrofe:** corte en el hilo del discurso para referirse a una persona o colectivo, presente o ausente, personas o cosas, o a sí mismo. Consigue personalizar, o poner a alguien como testigo.

  — «El dominio de la retórica, especialmente en el caso de los juristas, tiene una importancia capital.»
  — «El problema del tráfico es bien conocido por todos, especialmente por aquellos de ustedes que residen en Madrid...»
  — «Para y óyeme, ¡oh Sol!, yo te saludo», José de Espronceda.

- **Arcaísmo:** utilización de unas voces, frases o maneras de decir que han quedado anticuadas, obsoletas, y que han caído en desuso.

  — «Tuve la oportunidad en cierta ocasión, tiempo ha...».
  — «Como es menester...».

- **Argumentación:** acción de argumentar, probar, sacar en claro, descubrir. El argumento es una proposición que pretende probar una determinada tesis. Su eficacia dependerá de si es adecuado y está suficientemente fundamentado.
- **Artículos:** la eliminación de los artículos dota de cierta ambigüedad, imprecisión o pérdida de singularidad, a los sustantivos designados.

  — «Niño que juega, gente que pasa, días sin horas de un tiempo sin fecha».

- **Asíndeton:** (véase Polisíndeton) omisión de conjunciones. Agiliza y da viveza, rapidez y energía a la frase.

  — «Metro de Madrid, vuela.»

— «Ver, oír, callar.»
— «En tierra, en humo, en polvo, en sombra, en nada», Góngora.
— «Vine, vi, vencí», Julio César.
— «Acude, corre, vuela, / traspasa la alta sierra, ocupa el llano, / no perdones la espuela...», Fray Luis de León.

• **Atención:** dirigir voluntariamente los sentidos y la mente hacia un objeto, una idea o una realidad en detrimento del resto, destacándola y considerándola especialmente.

• **Atenuación:** (véase Litotes) figura retórica que se logra negando lo contrario de aquello que se quiere afirmar, y que consigue restar fuerza a la afirmación; consiste en no expresar todo lo que se quiere dar a entender, sin que por ello deje de ser bien comprendida la intención del que habla.

— «No es fea.»
— «No es poco el esfuerzo que has realizado.»
— «En esto no te apoyo.»
— «No soy tan inocente.»

• **Autoridad:** defender los argumentos basándose en el prestigio, fama y cualificación personal, académica, profesional o social, de la persona que los defiende.

— «Según afirma el prestigioso premio Nobel..., y tras concluir con éxito sus últimas investigaciones...»

• **Clímax:** (véase Gradación) gradación retórica ascendente, que consiste en presentar una serie de ideas en una progresión semántica. La disposición de las palabras permite que las últimas recojan el efecto acumulado de las anteriores.

— «En un abrir y cerrar de ojos ya estaba todo pensado, debatido, planificado, consultado, aprobado y ejecutado.»

— «En 1931, Japón invadió Manchukuo, sin previo aviso. En 1935, Italia invadió Etiopía, sin previo aviso. En 1938, Hitler ocupó Austria, sin previo aviso. (...) y ahora, Japón ha atacado Malasia y Tailandia —y a los Estados Unidos— sin previo aviso», Franklin Delano Roosevelt. (también como ejemplo de Repetición).

- **Cacofonía:** (véase Eufonía) combinación inarmónica de fonemas y palabras, que resulta disonante y desagradable al oído, normalmente de difícil pronunciación, con repetición de sílabas o creación involuntaria de una palabra detestable al combinarse las sílabas.

  — «Un no sé qué que quedan balbuciendo», San Juan de la Cruz.
  — «Iba a acabar.»

- **Comparación:** (véase Metáfora) símil retórico. Expresión explícita de las semejanzas entre dos ideas, objetos o elementos. Entendemos por comparación la acción y el efecto de fijar la atención en dos o más elementos para descubrir sus relaciones o estimar sus diferencias o semejanzas. Constituye un excelente método didáctico, que parte de una estrategia básica de aprendizaje —contrastar ideas, imágenes, situaciones con otras conocidas—. Es un recurso persuasivo que en la dialéctica permite dar validez a las propuestas y argumentos, comparando conceptos, revisando precedentes, situaciones similares. Y también cumple una importante función expresiva.

  — Ejemplos: «como...», «cual», «tan...», «más...», «mejor...», «menos...», «peor...».

— «Tenía el gaznate largo como de avestruz», Francisco de Quevedo.
— «Quieto como una estatua.»
— «Dormido como un tronco.»
— «Más largo que un día sin pan.»

- **Concatenación:** consiste en empezar una cláusula con la voz o con la expresión final de la cláusula o frase anterior de forma que se encadenen varias de ellas, configurando una serie.

   — «Y así como suele decirse el gato al rato, el rato a la cuerda, la cuerda al palo, daba el arriero a Sancho, Sancho a la moza, la moza a él, el ventero a la moza...», Miguel de Cervantes, *El Quijote*.

- **Concesión:** recurso mediante el cual se finge o se aparenta sustentar o aceptar una objección o una opinión contraria a la que se defiende, para dotar a ésta de mayor credibilidad.

   — «Se podría objetar que... aun así...».

- **Contraste:** (véase Antítesis) destacar o resaltar la oposición o diferencia importante que existe entre personas, cosas, ideas.

   — «Otros miran; yo veo. Otros oyen; yo escucho. Otros hablan; yo argumento. Otros piensan; yo actúo.»

- **Conversión:** figura que consiste en repetir una palabra o expresión al final de varias frases en la prosa; en verso se denomina epífora.

   — «Y Bruto es un hombre honrado»... «Y Bruto es un hombre honrado»... (Discurso funeral de Marco Antonio por la muerte de Julio César), William Shakespeare.

- **Definición:** definir es establecer los límites, enmarcar, precisar el sentido y significado de las palabras, de los conceptos o de los objetos. Los conceptos no deben solaparse o contener elementos ambiguos. El significado original o etimológico de un término tan sólo supone un punto de partida, que debe ser contrastado con la práctica y con la evolución del uso de la palabra. Es preciso también diferenciarlo, matizarlo y distinguirlo de otros términos cercanos.

  — «Psicología: ciencia que estudia la actividad psíquica y las leyes que regulan el comportamiento humano.»
  — «Psiquiatría: disciplina de la medicina que tiene por objeto el estudio y tratamiento de las enfermedades mentales.»

- **Demostración:** argumentación en la que se llega a una conclusión cierta y fehaciente a partir de premisas ciertas e incuestionables. A partir de verdades universales o evidentes, y de pruebas y hechos ciertos, se comprueba y se prueba una cosa, teoría o principio.
- **Demostración indirecta:** (véase Refutación) demostración que busca invalidar los argumentos en contra. Bien por reducción al absurdo, demostrando que de aceptar las tesis contrarias se llegaría a una situación absurda. Bien desacreditando las tesis del adversario, mostrando contradicciones o excepciones a las mismas. Bien desacreditando y atacando directamente a la persona misma del adversario, poniendo de relieve su ignorancia, su falsedad, su torpeza o su falta de ética.
- **Descripción:** dibujar o figurar una cosa, representándola de modo que quede reflejada de forma adecuada; representar a personas o cosas por medio del lenguaje, mencionando o explicando sus distintas partes, propiedades, características, cualidades o circunstancias.
- **Dialéctica:** arte del diálogo y la discusión. La dialéctica aludía inicialmente al diálogo, a un proceso de comunicación

en el que intervienen activamente las dos partes, que preguntan y responden, afirman y niegan, aceptan y rechazan. A través de ese diálogo logran demostrar la veracidad y validez de las propias tesis que defienden.

- **Dilema:** se trata de un argumento formado por la disyuntiva entre dos proposiciones contrarias, de modo que negada o aceptada cualquiera de las dos, se logra demostrar aquello que se pretendía probar. Ambas disyuntivas permiten rebatir o contradecir las tesis del adversario.

> — «El señor presidente conocía o desconocía los hechos. Si los desconocía, ¿por qué no cumplió con su obligación de estar adecuadamente informado? Y si los conocía, ¿por qué no actuó en consecuencia?»

- **Discusión:** alegación de razones contra la opinión o el parecer de otros, lo que contribuye a analizar las cuestiones entre dos o más personas. Supone la puesta en común y el contraste de las diferentes opiniones y puntos de vista, razonar utilizando diferentes direcciones de pensamiento, llevando a una reflexión colectiva que no pretende imponer o vencer, sino convencer, y llegar ambas partes a unas conclusiones compartidas.
- **División:** distribución de un todo en partes, separación, reparto. Es una estrategia que ayuda a conocer y a dar a conocer las cosas. El discurso oratorio requiere de la distribución ordenada y adecuada de los diferentes puntos que lo componen.
- **Dubitación:** (véase Duda retórica) figura retórica en la que la persona muestra perplejidad acerca de lo que debería decir o hacer, dudando sobre la conducta o las palabras adecuadas.
- **Duda retórica:** (véase Aporía) expresión de duda, a veces fingida, por la cual, la persona que habla parece insegura de lo que piensa, hace o dice. Resalta así una declaración en sentido contrario a la que parecía afirmar.

> — «Les comento ahora la subida salarial que les será asignada para el próximo ejercicio, aunque no sé si esto les interesará...»

- **Ejemplo:** recurso ampliamente utilizado y de gran eficacia en la oratoria. Supone mencionar un hecho, un caso, un texto, que se cita para apoyar, comprobar, ilustrar o dar autoridad y veracidad a una aseveración o razonamiento. Contribuye a clarificar los contenidos y a captar la atención de la audiencia.

> — «Como ejemplo ilustrativo podemos citar el conocido caso...»

- **Elipsis:** supresión de elementos de la frase, dotándola de brevedad, rapidez y energía, e incrementando su poder sugestivo.

> — «Por una mirada, un mundo; por una sonrisa, un cielo; por un beso... ¡yo no sé qué te diera por un beso!», Gustavo Adolfo Bécquer.

- **Elocución:** uso que se hace de las palabras y los pensamientos en el discurso, seleccionándolos y distribuyéndolos de determinada forma. Manera de hablar y de expresar los conceptos y las ideas.
- **Elocuencia:** facultad de hablar o escribir eficazmente, logrando deleitar, conmover o persuadir, a través de las palabras, los gestos y cualquier otra acción o recurso que permita comunicar o dar a conocer y a entender los contenidos de forma viva y eficaz.
- **Entimema:** (véase Silogismo) argumento planteado con tanta claridad, dentro del contexto, que sólo es necesario enunciarlo parcialmente. Silogismo abreviado en el que, al sobreentenderse una de las premisas, es posible omitirla, por

lo que sólo consta de dos proposiciones, «antecedente» y «consiguiente».

— «Todos los hombres son mortales. (...) Sócrates es mortal.»
— «Luce el sol, luego es de día.»
— «García no tiene el título oficial, así que no puede ejercer»: Premisa 1.ª: Las personas sin título oficial no pueden ejercer / Premisa 2.ª: García no tiene el título oficial / Conclusión: García no puede ejercer.

- **Enumeración:** La enumeración consiste en la mención sucesiva de las partes, características, cualidades, razones o circunstancias, de un todo; posibilita un mejor conocimiento de aquello de lo que hablamos. Podemos enumerar o nombrar de forma rápida y ágil varias ideas o partes diferentes de un concepto. Normalmente se utiliza en la parte final del discurso, con objeto de terminar de convencer al auditorio. En ella se repiten brevemente, y todas juntas unas a continuación de otras, las razones o argumentos principales que se han ido aduciendo o desarrollando durante el discurso.

— «Su pelo ensortijado y brillante, sus ojos de mar en calma, su boca de fresa, sus mejillas de seda y rocío... ojos, pelo, boca, mejillas, aun siguen en mi recuerdo.»

- **Epanadiplosis:** (véase Repetición) repetición retórica, al finalizar una cláusula o una frase, del mismo vocablo con el que empezaba. En ocasiones la reiteración se puede producir utilizando el último vocablo de la frase, conviertiéndolo en el primero de la siguiente.

— «¿Cómo era, Dios mío, cómo era?», Juan Ramón Jiménez.

— «Rota mi lira y mi existencia rota...», Gaspar Núñez de Arce.

— «Nos veríamos abocados a sufrir distintas formas de pobreza: pobreza económica, pobreza moral y pobreza ideológica.»

• **Epiquerema:** (véase Silogismo). Silogismo al que se añade una prueba o una razón explicativa a alguna o a ambas premisas.

— «Las características biológicas de los seres vivos hacen de ellos seres finitos, mortales.» «Todos los hombres, en su condición de seres vivos, son mortales.» «Sócrates es un hombre, luego también es mortal.»

• **Epíteto:** adjetivo o participio que, colocado delante del sustantivo, expresa una cualidad de alguna persona o cosa, con objeto de caracterizarlo, pero sin especificar, determinar o añadir información suplementaria a la del propio sustantivo, dado que expresa una cualidad inseparable del mismo.

— «El ancho mar.»
— «La blanca luna.»

• **Etopeya:** descripción del carácter, la personalidad, la conducta, los hábitos y costumbres de una persona.
• **Eufemismo:** sustitución de una palabra o frase ofensiva, dura, malsonante, desagradable por otra menos fuerte, más suave.

— «Pasó a mejor vida» en sustitución de «murió».
— «Le indicó dónde estaba la puerta», en sustitución de «Le echó a la calle».
— Algunos conceptos se pueden suavizar emparejándolos a un término neutro o con alta connotación positiva:

«Facsímil auténtico» (imitación, con el poderoso efecto de la palabra auténtico, que pretende resaltar su grado de perfección), «Departamento de Defensa» (de guerra), «Fuerza no violenta», «Censura selectiva», «Guerra preventiva», «Daños colaterales», «Interrupción voluntaria del embarazo», «Institución penitenciaria».

* **Eufonía:** una determinada secuencia y acertada combinación de los elementos acústicos de las palabras que produce una sonoridad agradable. Es opuesto a la cacofonía (véase Cacofonía), en la que la inadecuada secuencia de sonidos produce un efecto inarmónico y desagradable.

    — «Acudieron padres "e" hijos». «Unos "u" otros tendrán que ceder en primer lugar» —adecuación de conjunciones con objeto de evitar la cacofonía.

* **Exageración:** (véase Hipérbole) afirmación, concepto o idea que va más allá de lo razonable, lo real, lo verdadero.
* **Exclamación:** expresión, en tono emotivo, de un afecto o estado de ánimo, dando vigor y eficacia al contenido del mensaje. Puede expresar un movimiento del ánimo o una valoración, estimación o consideración especial.

    — «¡Ya es tiempo de libertad!»

* **Evocación:** implica traer a la memoria del oyente hechos, circunstancias, realidades, experiencias del pasado, evocando en él toda una serie de emociones que tal vez se hallaban adormecidas, y trayendo a la actualidad ideas, creencias, pensamientos y actitudes que, aunque pertenecen al pasado, forman parte de su realidad actual.
* **Gradación:** (véase Clímax) juntar en el discurso palabras o frases que, a partir de su significación, van ascendiendo o descendiendo gradualmente, por grados, de modo que cada

una de ellas exprese algo más o algo menos que la anterior.

- **Hipérbaton:** figura de construcción sintáctica especial que invierte el orden más lógico, natural o regular que deben tener las palabras en la frase o en el discurso. Permite enfatizar y crear una determinada imagen.

> — «Pasos de un peregrino son errantes», Góngora.
> — «Del monte en la ladera / por mi mano plantado tengo un huerto...», Fray Luis de León.
> — «Del salón en el ángulo oscuro...», Gustavo Adolfo Bécquer.
> — Ejemplos de transposiciones de una oración simple que provocan efectos diferentes: «El atardecer parecía una hoguera.» «El atardecer una hoguera parecía.» «Una hoguera el atardecer parecía.» «Una hoguera parecía el atardecer.»

- **Hipérbole:** (ver Exageración) figura retórica que consiste en aumentar o disminuir excesivamente la verdad de aquello que se habla (véase Exageración). Supone la exageración de algún rasgo positivo o negativo, que caricaturiza, pondera y valora desmesuradamente las cualidades aludidas, estimulando la imaginación y moviendo las emociones. El énfasis en un rasgo específico, subrayándolo y destacándolo del resto, además de cumplir una función estética, tiene un gran poder expresivo y didáctico. El abuso de este recurso puede provocar la pérdida de poder persuasivo por cansancio, y puede igualmente restar credibilidad y objetividad a las palabras del orador, que pasa a ser percibido como una persona exagerada y poco objetiva o razonable.

> — «El tren volaba.»
> — «Sus huesos eran palillos.»
> — «Érase un hombre a una nariz pegado...», F. de Quevedo.

- **Humorismo:** utilización del ingenio y de recursos jocosos, que suscitan risa, y que permiten causar alivio o catarsis, y tomar cierta distancia con la realidad.
- **Identificación:** el orador busca que el oyente se identifique con su discurso, y que se adhiera a él. Para ello se debe generar en el oyente la sensación de que se habla de sus asuntos, de sus ideas, que se reflejan sus motivos, sus razones, sus deseos, sus emociones y sus sentimientos, que se describen sus comportamientos habituales. Genera la sensación de que se comparten propósitos, creencias, intenciones.
- **Imágenes:** las comparaciones o metáforas poseen un gran poder explicativo y demostrativo; crean imágenes con palabras, lo que permite representar y visualizar las ideas. Las cosas cobran su verdadero sentido en comparación con otras; lo desconocido con lo conocido, lo extraño con lo familiar.
- **Ironía:** (véase Sarcasmo) figura retórica que consiste en dar a entender lo contrario de lo que se está diciendo. El orador realiza una afirmación, pero por su tono, sus gestos, el contexto, puede dar a entender que pretende afirmar justo lo contrario.

> — «La televisión ha hecho maravillas por mi cultura. Cuando alguien la enciende, voy a la biblioteca y leo un buen libro», Groucho Marx.
> — «Es de agradecer la cortesía y delicadeza del lenguaje que utiliza el adversario», por ejemplo, ante un discurso grosero.
> — «Para propiciar la paz, qué mejor que declarar la guerra preventiva y disparar cientos de misiles. Algo parecido a hacer el amor con objeto de preservar la virginidad.»

- **Litotes:** (véase Atenuación).
- **Metáfora:** (véase Comparación) comparación abreviada, sobreentendida, en la que desaparece el nexo, el adverbio

«como». Supone un giro que transforma el sentido literal de las voces en otro figurado, en virtud de una comparación tácita o implícita, a través de la que se identifica un objeto real con otro ideal o imaginado, a partir de una relación de semejanza entre ambos.

— «La coherencia es un metro de cien centímetros.»
— «La primavera de la vida» —la juventud.
— «En ese inexpugnable bostezo de la tierra» —cueva.
— «Las perlas de tu boca» —los dientes.

- **Metonimia:** sustitución de un término por otro que presenta con el primero una relación de contigüidad que puede ser espacial, temporal o causal (no de inclusión, véase Sinécdoque). Se designa a una cosa con el nombre de otra tomando el efecto por la causa o viceversa, al autor por su obra, el signo por la cosa significada.

— «Tomar una copa» (el recipiente por el contenido).
— «Respetar las canas» (la edad).
— «Una cabeza prodigiosa» (en alusión a su inteligencia).
— «Leí a Cervantes.» «He comprado un Picasso.» «Es una de las mejores plumas del país.» «Le salvó la campana.» «La paloma» —por la paz.

- **Oposición:** la contradicción, la paradoja, son formas de oposición entre dos elementos (véase Paradoja). Las características de uno sirven de referente o de contraste para las del otro.
- **Oxímoron:** unión en la misma frase de dos palabras de significado opuesto; este recurso suele atribuir cualidades que son incompatibles con la propia naturaleza del objeto o persona.

— «La música callada.»
— «Qué tiernamente hieres», San Juan de la Cruz.

— «Es hielo abrasador, es fuego helado», Francisco de Quevedo.

- **Parábola:** narración simbólica o alegoría en forma narrativa, de un hecho fingido, del que se puede deducir, por su similitud y paralelismo, una enseñanza moral o una conclusión o verdad importante. Puede presentarse en forma de cuento o fábulas.
- **Paradoja:** (véase Antonimia) expresión o frase que envuelve una contradicción. En apariencia carece de lógica pero puede explicarse de modo adecuado.

— «Toda afirmación que generaliza es falsa.»
— «Sólo sé que no sé nada.»
— «Su cordura de loco le tiene muerto en vida.»
— «Pobre, cuanta riqueza.»
— «¡Oh soledad, que a fuerza de andar sola se siente de sí misma compañera!»
— «La felicidad es un artículo maravilloso: cuanto más se da, más le queda a uno», Blas Pascal.
— «Yo afeito a quienes no se afeitan a sí mismos, y solamente a éstos», paradoja de Bertrand Russel, o paradoja del barbero.

- **Paráfrasis:** explicación o interpretación ampliada de un texto complejo, normalmente con fines didácticos y sin alterar el contenido o la información, con objeto de ilustrarlo, clarificar su contenido o hacerlo más inteligible. Se utilizan para ello sinónimos, aclaraciones, simplificación de algunos términos.
- **Paralelismo:** supone la aproximación de dos elementos a partir de la asociación física, espacial, temporal.
- **Parodia:** imitación burlesca de alguna cosa seria, o del estilo de algún autor o personaje normalmente conocido.
- **Paronomasia:** uso retórico de palabras fonéticamente muy semejantes, con sonidos análogos o parecidos, que con fre-

cuencia sólo se distinguen por la vocal acentuada, permitiendo jugar con sus diferentes significados, buscando el contraste o la sorpresa.

— «Contante y sonante.» «Distinto y distante.» «Cantando y contando.» «Resolver y disolver.» «Prever y proveer.» «Pisar, pesar y pasar.» «Creer y crear.» «Talento y talante.» «Adaptar y adoptar.» «Prisa, presa y prosa.» «Nubes y naves.» «Complejo y completo.»
— «Milicia contra malicia», Baltasar Gracián.

- **Personificación o Prosopopeya:** atribución a las cosas inanimadas, incorpóreas o abstractas, de acciones propias de seres animados y corpóreos, dotándolos de vida, sentimientos, pensamientos, conductas. El orador o el escritor pueden poner palabras o discursos en boca de personas verdaderas o imaginadas, vivas o muertas.

    — «El viento gemía en la cumbre, mientras el mar enfurecido lanzaba su zarpa sobre la costa.»
    — «La justicia pide a gritos ser aplicada.»
    — «La tierra palpitaba.»
    — «Las ideas pugnan por salir.»
    — «Lutero personifica la Reforma.»

- **Pleonasmo:** redundancia, recurso que consiste en emplear palabras innecesarias, que se sobreentienden, intentando dar vigor, gracia o expresión. En general es un recurso de «charlatanes» que sobrecarga el discurso.

    — «Subí arriba, entré adentro, y lo vi personalmente con mis propios ojos.»
    — «Todos ustedes, hombres y mujeres, ricos y pobres, jóvenes y viejos...»

- **Poética:** disciplina que aborda la teoría y la técnica del arte verbal. Estudia la naturaleza y principios de la poesía, las reglas que observan los géneros literarios, y los procedimientos artísticos y su especial aplicación al lenguaje literario.
- **Polisilogismo:** (véase Sorites) cadena de silogismos, en la que las conclusiones a las que se llega en cada uno de ellos sirven como premisas para el siguiente o los siguientes.

  — «La educación es la base de la tolerancia. Los países que invierten en educación potencian la tolerancia. España es un país que asigna un porcentaje importante de recursos a la educación, luego fomenta la tolerancia. La tolerancia posibilita y mejora la convivencia. La buena convivencia mejora la calidad de vida de la población. Luego la educación eleva la calidad de vida de un país. España es un país que invierte en mejorar la calidad de vida de sus ciudadanos.»

- **Polisíndeton:** (véase Asíndeton) es una figura retórica opuesta al asíndeton. Surge del empleo repetido de conjunciones que contribuye a dar fuerza o energía a la expresión de los conceptos. También puede enlentecer la frase y transmitir lo costoso de un proceso.

  — «Y el santo de Israel abrió su mano, / y los dejó y cayó en despeñadero / el carro y el caballo y el caballero...», Francisco de Herrera.
  — «Después de analizar, y describir, y diagnosticar, y diseñar, y pronosticar, no se implantó el nuevo procedimiento.»
  — «O tarde, o pronto, o nunca...», Vicente Aleixandre.
  — «Mi cliente leyó, y firmó, y observó, y cumplió el contrato, y fue engañado.»

- **Pregunta retórica:** pregunta que se formula sin intención de obtener respuesta del receptor. Puede tomarse como una afirmación disimulada o encubierta. La persona que la formula espera que el interlocutor esté de acuerdo con ella. Este tipo de preguntas son similares a pensamientos expresados en voz alta, dudas compartidas con la audiencia, que permiten entablar con los oyentes un diálogo mental que facilita seguir el hilo del discurso. Es una invitación a que los oyentes se planteen una cuestión, captando así su atención, despertando su interés y abriendo su mente a la recepción del discurso, que normalmente va ofreciendo respuestas a dichas preguntas.

  — «¿Estamos dispuestos a mejorar la conservación del medio ambiente? Estoy convencido de que sí.»
  — «¿Cómo podrá sobrevivir la democracia en esas circunstancias? ¿No son acaso la educación y el respeto los dos grandes pilares en los que se sustenta la misma?»

- **Preterición:** figura retórica en la que se aparenta que se desea omitir o pasar por alto aquello mismo que se dice de forma expresa y encarecida.

  — «No voy a hablar de...» —a la par que se extiende en el tema en cuestión con especial énfasis.
  — «No voy a hablarles del aumento del paro, ni del alarmante incremento de la delincuencia, sino de sus nefastos resultados en política educativa.»
  — «Tal vez no es momento de mencionar el incremento en un 12% de los actos delictivos.»

- **Prosopopeya:** (véase Personificación).
- **Proyección:** la proyección opera en un sentido inverso a la evocación o recuerdo. Traslada al oyente a escenarios futu-

ros, despierta su curiosidad, su inquietud, le plantea un horizonte posible donde ubicar esperanzas, ilusiones, proyectos. Le saca de su realidad presente para abrirle un abanico de posibilidades. La proyección también puede producirse a partir de la identificación del oyente con un personaje, un suceso o una historia, sobre el que puede proyectar su realidad.

- **Recapitulación:** recordar de forma resumida y ordenada aquello que se ha expresado de forma más extensa. Implica la recopilación, reunión o síntesis resumida, por lo general al final de un texto, de las diversas ideas o hechos desarrollados anteriormente.
- **Redundacia:** (véase Pleonasmo).
- **Reiteración:** (véase Repetición).
- **Repetición:** (véase Anáfora, Anadiplosis) volver a mencionar algo, insistir en alguna idea. También alude a la intensificación expresiva derivada de la reiteración de expresiones o palabras generalmente similares, o derivadas de la misma raíz.

> — «Señor presidente, usted prometió el pleno empleo, y faltó a su palabra; prometió reducir los impuestos, y faltó a su palabra; prometió... y, viendo los resultados, es evidente que faltó a su palabra.»
> — «El cazador cazado, y ahora preso el prisionero en su prisión.»

- **Reflexión:** considerar nuevamente o con detenimiento una idea. Centrar el pensamiento en algo, considerándolo con especial atención.
- **Refutación:** refutar supone contradecir, rebatir, impugnar de forma argumentada o razonada; la refutación es la parte del discurso en la que se prueba o argumenta con el objetivo de desarticular, rebatir y destruir las razones que se pueden aducir en contra de aquello que se pretende probar o defender.

- **Reticencia:** consiste en dejar incompleta, en suspenso, sin aclarar, la formulación del enunciado, entendiendo que es obvio aquello que se iba a mencionar a continuación.

  — «Alberto es un hombre de éxito, mientras que yo... Ustedes no tienen más que mirarme.»

- **Retruécano:** también conocido como Conmutación; inversión o intercambio de los términos de una frase en la siguiente, jugando con las palabras, para que su sentido contraste o muestre antítesis con el de la anterior.

  — «¿Siempre se ha de sentir lo que se dice? / ¿Nunca se ha de decir lo que se siente?», Francisco de Quevedo.

- **Rima:** la igualdad o semejanza de los sonidos vocálicos o consonánticos de varios versos o de determinadas palabras, a partir de la última vocal acentuada, puede propiciar cierta sintonía emocional, y contribuir a facilitar el recuerdo del contenido.

- **Sarcasmo:** (véase Ironía) ironía cruel, insultante y mordaz, empleando un tono amargo, que pretende herir, burlarse, maltratar u ofender a las personas o a sus ideas.

- **Sentencia:** pensamiento profundo, expresado de forma breve y concisa, con pocas palabras. Existen diferentes tipos: *máxima*, de origen culto y con autor conocido; *proverbio o refrán*, cuando es popular y de carácter anónimo; *adagio*, cuando se expresa en latín; *epifonema*, si cierra o concluye un pensamiento a modo de moraleja final.

  — «Como telas de araña son las leyes, que prenden a la mosca y no al milano», Joaquín Setantí.
  — «Sin fricción no se puede pulir una piedra preciosa», Confucio.

- **Silogismo:** argumento que consta normalmente de tres proposiciones —dos premisas y una conclusión—, y en el que la conclusión se deduce o extrae necesariamente a partir de las otras afirmaciones que se conocen como premisas. (Veáse también Entimema, Epiquerema, Polisilogismo).

  — «Todos los hombres son mortales, y, puesto que Sócrates es un hombre, Sócrates también es mortal.»

- **Símil:** (véase Comparación).
- **Simplificación:** el lenguaje supone de algún modo una simplificación de lo que en realidad son realidades más complejas. La reducción de la complejidad de un planteamiento teórico permite exponer y explicar complicadas teorías de una forma más comprensible, clara y sencilla. Podemos seleccionar los datos más relevantes, y sintetizar el contenido de forma resumida y esquemática. A través de la simplificación podemos hacer más sencillo o más fácil lo complejo o difícil. Una expresión se puede convertir en otra menos compleja y más breve, pero equivalente.
- **Sinécdoque:** (véase Metonimia) designa un todo con el nombre de una de sus partes, o viceversa; un genero con el de una especie, o al contrario; una cosa con el de la materia que está formada. De ese modo restringe, expande o altera el ámbito de significación de las palabras.

  — «Miles de almas dormían» —almas por personas.
  — «Redoblaba el bronce señalando el tiempo» —por la campana.
  — «Ganarse el pan» —la comida.
  — «Clavó su acero...» —su espada.

- **Sinestesia:** unión de dos o más imágenes o sensaciones procedentes de diferentes sentidos, o descripción de una experiencia sensorial en términos de otra diferente.

— «El amargo sabor de la derrota.»
— «El cálido abrazo del sol del amanecer.»

- **Sinónimos:** la riqueza del vocabulario nos permite referirnos a determinadas realidades con expresiones o términos diferentes —coloquiales, técnicos, científicos, poéticos...

  — Empezar: comenzar, iniciar, promover, emprender, abordar, arrancar, estrenar, abrir, originar.

- **Síntesis:** operación de reconstrucción, recomposición o articulación de las partes en un todo unitario y coherente. Es un proceso inverso al realizado en el análisis. La síntesis es además un método demostrativo que parte de los principios y causas para llegar a las consecuencias y a los efectos.

- **Sorites:** (véase Polisilogismo) es un polisilogismo, una cadena de silogismos o serie de argumentos interrelacionados, en el que se omiten las conclusiones intermedias. Es un razonamiento compuesto por una cadena, sucesión o progresión de proposiciones seguidas de una única conclusión; el predicado de cada proposición antecedente pasa a ser sujeto de la siguiente, hasta que en la conclusión se une el sujeto de la primera con el predicado de la última.

  — Argumento I: Premisa 1-Premisa 2-Conclusión I.
  — Argumento II: Premisa 1 (Conclusión I)-Premisa 2-Conclusión II.
  — «Habiendo demostrado que existe un contrato, teniendo en cuenta que la falta de pago indica incumplimiento, su cliente incumplió. El incumplimiento está sancionado con daños, por tanto su cliente tiene que pagar daños. Los daños se calculan a través de los beneficios del contrato, por tanto...»

• **Tropo:** término genérico —giro— que alude al empleo de las palabras en sentido distinto del que propiamente les corresponde, pero que tiene con éste alguna conexión, correspondencia o semejanza. Comprende la Sinécdoque, la Metonimia y la Metáfora (véanse).

Con esta exposición relativa a los recursos oratorios concluye este libro. Confiamos en que sus páginas hayan contribuido de forma especial a construir una visión más positiva de la oratoria, a conocer las variables que determinan su eficacia, y a desarrollar una actitud crítica y de autoanálisis.

Esperamos que haya servido para introducir mejoras notables tanto en las exposiciones en público como en el ámbito personal, para lograr la coherencia necesaria que nos acercará progresivamente a una oratoria cada vez más eficaz.

Ánimo, suerte y muchas gracias.

GUILLERMO BALLENATO PRIETO
gballenato@gmail.com
www.cop.es/colegiados/m-13106

BIBLIOGRAFÍA

Abelson, R. P. (1998): *La estrategia razonada*. Barcelona: Paidós.

Albaladejo, T. (1989): *Retórica*. Madrid: Síntesis.

Alberte, A. (2003): *Retórica medieval. Historia de las artes predicatorias medievales*. Madrid: Palas Atenea.

Alburquerque García, L. (1995): *El arte de hablar en público. Seis retóricas famosas*. Madrid: Visor.

Aradra Sánchez, R. M. (1997): *De la retórica a la teoría de la literatura*. Murcia: Publicaciones de la Universidad de Murcia.

Aristóteles (1982): *Tratados de lógica (Organón)*. Madrid: Gredos.

Aristóteles (1990): *Retórica*. Madrid: Gredos, 1990.

Austin, J. L. (1971): *Cómo hacer cosas con palabras. Palabras y oraciones*. Buenos Aires: Paidós.

Avanzini, G. (1982): *La pedagogía en el siglo XX*. Madrid: Narcea.

Azaustre, A.; Casas, J. (1994): *Introducción al análisis retórico. Tropos, figuras y sintaxis del estilo*. Santiago de Compostela: Publicaciones de la Universidad de Santiago de Compostela.

Azaustre, A. (1997): *Manual de retórica española*. Barcelona: Ariel.

Ballenato, G. (2006): *Comunicación eficaz*. Madrid: Pirámide.

Ballenato, G. (2007): *Gestión del tiempo. En busca de la eficacia*. Madrid: Pirámide.

Ballenato, G. (2007): *Educar sin gritar. Padres e hijos: ¿convivencia o supervivencia?* Madrid: La Esfera de los libros.

Ballenato, G. (2009): *Merezco ser feliz. El regalo de una vida en positivo*. Madrid: La Esfera de los libros.

Bados López, A. (1991): *Hablar en público. Guía práctica para lograr habilidad y confianza*. Madrid: Pirámide.

Barbotin, E. (1977): *El lenguaje del cuerpo*. Pamplona: EUNSA.

Beriano Peirats, E.; Pinazo Hernandis, S. (2001): *Interacción social y comunicación: prácticas y ejercicios*. Valencia: Tirant lo Blanch.

Beristain, H. (2000): *Diccionario de retórica y poética*. México: Porrúa.

Berrio, J. (1983): *Teoría social de la persuasión*. Barcelona: Editorial Mitre.

Beuchot, M. (1996): *Retóricos de la nueva España*. México: Universidad Nacional Autónoma de México.

Birdwhitell, R. L. (1979): *El lenguaje de la expresión corporal*. Barcelona: Gustavo Gili.

Birdwhitell, R. L. (1986): *Retórica de la ironía*. Madrid: Taurus.

Bize, F. G. (1972): *El equilibrio del cuerpo y de la mente*. Bilbao: Mensajero.

Braido, P.; Gianola, P. (1982): *Educar. Teoría de la educación*. Salamanca: Sígueme.

Brikman, L. (1975): *El lenguaje del movimiento corporal*. Buenos Aires: Paidós.

Buceta, J. M.; Bueno, A. M.; Mas, B. (2001): *Intervención psicológica y salud: control del estrés y conductas de riesgo*. Madrid: Dykinson.

Burley-Allen, M. (1989): *La escucha eficaz en el desarrollo personal y profesional*. Bilbao: Deusto.

Camacho Pérez, S.; Sáenz Barrio, O. (2000): *Técnicas de comunicación eficaz para profesores y formadores*. Alcoy: Marfil.

Camps, V. (1988): *Ética, Retórica, Política*. Barcelona: Seix Barral.

Carneggie, D. (1959): *Cómo hablar en público e influir en los hombres de negocios*. Buenos Aires: Cosmos.

Casas, E. (1980): *La retórica en España*. Madrid: Editora Nacional.

Castilla del Pino, C. (1970): *La incomunicación*. Barcelona: Peninsula.

Castillejo, J. L. y otros. (1981): *Teoría de la educación*. Madrid: Anaya.

Catta, R. N. (1972): *Cómo hablar en público*. Bilbao: Mensajero.

Chauchard, P. (1971): *Timidez, voluntad, actividad*. Bilbao: Mensajero.

Chico, F. (1988): *Pragmática y construcción literaria. Discurso retórico y discurso narrativo*. Alicante: Universidad de Alicante.

Davis, F. (1976): *La comunicación no verbal*. Madrid: Alianza.

De Bono, E. (1973): *La práctica de pensar*. Barcelona: Kairós.

Dijk, T. A. (1999): *Discurso y literatura*. Madrid: Visor.

Dubois, G. (1991): *Lenguaje y comunicación*. Barcelona: Masson.

Eco, U. (1997): *Tratado de Semiótica*. Barcelona: Editorial Lumen.

Farre, L. (1974): *Antropología filosófica*. Madrid: Guadarrama.

Fast, J. (1998): *El lenguaje del cuerpo*. Barcelona: Kairós.

Flusser, V. (1994): *Los gestos. Fenomenología y comunicación*. Barcelona: Herder.

García Barrientos, J. L. (1998): *Las figuras retóricas*. Madrid: Arco Libros.

García Berrio, A.; Hernández. T. (1998): *La Poética: tradición y modernidad*. Madrid: Síntesis.

García Carbonell, R. (2004): *Todos pueden hablar bien en público*. Madrid: Edaf.

García Huete, E. (2003): *El arte de relacionarse*. Málaga: Aljibe.

García, R. (1981): *Todos pueden hablar bien*. Madrid: Edaf.

Garrido Gallardo, M. A. (1994): *La musa de la Retórica. Problemas y métodos de las ciencias de la Literatura.* Madrid: CSIC.

Gauquelin, F. (1972): *Saber comunicarse.* Bilbao: Mensajero.

Goleman, D. (1996): *La inteligencia emocional.* Barcelona: Editorial Kairós.

Goleman, D. (1998): *La práctica de la inteligencia emocional.* Barcelona: Editorial Kairós.

Golse, B.; Bursztejn, C. (1992): *Pensar, hablar, presentar. El emerger del lenguaje.* Barcelona: Masson.

González Bedoya, J. (1990): *Tratado histórico de la retórica filosófica.* Madrid: Nájera.

Hernández Guerrero, J. A.; García Tejada, M. C. (1994): *Historia breve de la retórica.* Madrid: Síntesis.

Hernández Guerrero, J. A.; García Tejada, M. C. (2004): *El arte de hablar.* Barcelona: Ariel.

Huertas, E. (1992): *El aprendizaje no-verbal de los humanos.* Madrid: Pirámide.

Jay (1972): *La nueva oratoria.* México: Editorial Técnica.

Klinkenberg, J. M. (1991): *El sentido retórico.* Murcia: Universidad de Murcia.

Kostalonu, F. (1977): *Conocer a los demás por los gestos.* Bilbao: El Mensajero.

Lausberg, H. (1968): *Manual de retórica literaria.* Madrid: Gredos.

Lausberg, H. (1975): *Elementos de retórica literaria.* Madrid: Gredos.

Lázaro Carreter, F. (1997): *El dardo en la palabra.* Barcelona: Círculo de Lectores.

López Eire, A. (1997): *Retórica clásica y teoría literaria moderna.* Madrid: Arco Libros.

López Eire, A. (1998): *La retórica en la publicidad.* Madrid: Arco Libros.

López Eire, A.; Santiago Guervós, J. (2000): *Retórica y comunicación política.* Madrid: Cátedra.

Luzan, I. (1991): *Arte de hablar, o sea, retórica de las conversaciones.* Madrid: Gredos.

Marcos Álvarez, F. (1989): *Diccionario práctico de recursos expresivos.* Cáceres: Publicaciones de la Universidad de Extremadura.

Marina, J. A. (1993): *Teoría de la inteligencia creadora.* Barcelona: Anagrama.

Márquez Guerrero, M. (2001): *Retórica y retrato poético.* Huelva: Publicación de la Universidad.

Martí, A. (1972): *La preceptiva retórica española en el Siglo de Oro.* Madrid: Gredos.

Maslow, A. H. (1973): *El hombre autorrealizado.* Barcelona: Kairós.

Mayoral, J. A. (1994): *Figuras retóricas*. Madrid: Síntesis.

McLagan, P; Krembs, P. (2001): *Comunicación cara a cara*. Madrid: Centro de Estudios Ramón Areces.

Mejorana, A. (1973): *El arte de hablar en público*. Buenos Aires: Editorial Albatros.

Mingolo, W. (1978): *Elementos para una teoría del texto literario*. Barcelona: Crítica.

Mortara Garavelli, B. (1991): *Manual de retórica*. Madrid: Cátedra.

Nutley, G. Stuart. (1973): *Conversar y convencer*. Barcelona: Bruguera.

Oraison, M. (1971): *Psicología de nuestros conflictos con los demás*. Bilbao: Mensajero.

Pease, A. (1988): *El lenguaje del cuerpo*. Barcelona: Paidós.

Perelman, C. (1988): *La lógica jurídica y la nueva retórica*. Madrid: Civitas L.

Perelman, C.; Olbrechts-Tyteca, L. (1989): *Tratado de argumentación. La nueva retórica*. Madrid: Gredos.

Plantin, C. (1998): *La argumentación*. Barcelona: Ariel.

Platón (1990): *Obras completas*. Madrid: Aguilar.

Pozuelo, J. M. (1988): *Del formalismo a la neorretórica*. Madrid: Taurus.

Puchol, L. (1997): *Hablar en público*. Madrid: Díaz de Santos.

Pulido Tirado, G. (2003): *La retórica en el ámbito de la Humanidades*. Jaén: Publicaciones de la Universidad.

Real Academia Española (2001): *Diccionario de la Lengua Española*. Madrid.

Quintiliano, M. F. (1999): *Sobre la formación del orador. Doce libros*. Salamanca: Universidad Pontificia de Salamanca.

Repolles, J. (1972): *Cómo ser orador*. Barcelona: Bruguera.

Riccardi, R. (1976): *Reunir, hablar y persuadir*. Bilbao: Deusto.

Ruiz Castellanos, A. (1994): *Retórica, texto y comunicación*. Cádiz: Publicaciones de la Universidad.

Ruiz Castellanos, A. (1996): *Diálogo y retórica*. Cádiz: Publicaciones de la Universidad.

Ruiz Castellanos, A. (1998): *Retórica y texto*. Cádiz: Publicaciones de la Universidad.

Salzer, J. (1984): *La expresión corporal*. Barcelona: Herder.

Santa Cruz, J. (1987): *Psicología del Lenguaje. Procesos*. Madrid: UNED.

Sarmiento, R. (1997): *Manual de corrección gramatical y de estilo*. Madrid: SGEL.

Sarramona, J. (1988): *Comunicación y educación*. Barcelona: CEAC.

Schaff, A. (1967): *Lenguaje y conocimiento*. México: Editorial Grijalbo.

Schlieben-Lange, B. (1987): *Pragmática lingüística*. Madrid: Gredos.

Spang, K. (1991): *Fundamentos de Retórica*. Pamplona: Ediciones de la Universidad de Navarra.

Speck, J. y otros (1981): *Conceptos fundamentales de Pedagogía*. Barcelona: Herder.

Spillner, B. (1979): *Lingüística y Literatura. Investigación del estilo, retórica, lingüística del texto*. Madrid: Gredos.

Stanton, N. (1991): *Las técnicas de comunicación en la empresa*. Bilbao: Deusto.

Stuart, C. (1991): *Técnicas para hablar en público*. Bilbao: Deusto.

Stubbs, M. (1987): *Análisis del discurso*. Madrid: Alianza.

Tácito (1981): *Diálogo sobre los oradores*. Madrid: Gredos.

Tapia Ozcariz, E. (1965): *Oradores célebres. Ensayo sobre la elocuencia*. Madrid: Aguilar.

Titone, R. (1981): *Psicodidáctica*. Madrid: Narcea.

Villanueva, D. (1994): *Curso de teoría de la Literatura*. Madrid, Taurus.

Vinciguerra, C. (1970): Cómo *convencer en la vida*. Barcelona: Editorial de Vecchi.

Watzlawick, P. (1981): *Teoría de la comunicación humana*. Barcelona: Herder.

Whiteside, R. (1990): *El lenguaje del rostro*. Bilbao: Deusto.

Zimmer, M. (1990): *Técnicas para mejorar su oratoria*. Bilbao: Deusto.

COMUNICACIÓN EFICAZ

Teoría y práctica de la comunicación humana

Guillermo Ballenato Prieto

ÍNDICE

CONTENIDO

Una simple frase del tipo «Tenemos que hablar» puede dar lugar a una larga discusión que, paradójicamente, acabe empeorando la relación. La persona que habla, que escribe, que comunica, de algún modo ejerce sobre los demás un poder de influencia que debe conocer y saber administrar. Este manual destaca la importancia de los aspectos verbales y no verbales de la comunicación. Su contenido nos puede ayudar a:

— Expresarnos con mayor claridad y precisión.
— Reducir y eliminar las barreras que interfieren la comunicación.
— Escuchar y preguntar de forma eficaz.
— Orientar nuestra comunicación en positivo.
— Mejorar nuestras relaciones con los demás.

El autor analiza el proceso de la comunicación, sus diferentes tipos y los factores que afectan a su eficacia. Ofrece también algunas claves para mejorar el proceso de escritura. En cuanto a la comunicación interpersonal, nos muestra diferentes estilos y cómo desarrollar algunas habilidades sociales. Incluye ejercicios y aporta ejemplos, frases y expresiones, especialmente aquellas que pueden causar rechazo o suponer un obstáculo para una comunicación eficaz.

2.ª ed., 2013; 176 págs.; 15,5 x 23 cm; rústica; código: 286017; ISBN: 978-84-368-2754-5

Si lo desea, en nuestra página web puede consultar el catálogo completo o descargarlo:

www.edicionespiramide.es

GESTIÓN DEL TIEMPO

En busca de la eficacia

Guillermo Ballenato Prieto

ÍNDICE

Introducción. El proceso de desarrollo de nuevos productos. Determinantes del éxito de un nuevo producto. El tiempo como fuente de ventajas competitivas. Técnicas de diseño. Técnicas organizativas. Técnicas de fabricación. Tecnologías de la información. Relación con los proveedores. Efectos de las técnicas sobre el éxito de nuevos productos. Anexo.

CONTENIDO

El tiempo es un recurso imprescindible para cualquier actividad. Administrarlo de un modo eficaz permite optimizar el rendimiento y alcanzar mejores resultados con menos esfuerzo. El tiempo se nos va de muchas maneras: charlas interminables, impuntualidad, Internet, interrupciones, desorganización, urgencias, perfeccionismo, etc. La inadecuada gestión del tiempo, además de tener consecuencias negativas en el ámbito profesional, tiene repercusiones importantes en el entorno personal, familiar y social. Esta obra es una oportunidad para la reflexión y para el cambio. Nos ayuda a encontrar el tiempo personal que andamos buscando, nos enseña que podemos disponer de más tiempo y también cómo podemos aprovecharlo mejor y disfrutarlo más. Ofrece consejos, técnicas y herramientas para mejorar su gestión. Revela la importancia de aprender a detectar las prioridades y a centrarnos en las actividades críticas. Nos anima a ser sistemáticos y rigurosos con nuestro tiempo, a descubrir las posibilidades de una buena planificación, a distribuir adecuadamente las actividades, a tomar decisiones, a cumplir los plazos y a lograr nuestros objetivos. En definitiva, este libro resume las claves necesarias para tomar las riendas y decidir sobre la utilización de nuestro tiempo, revisar nuestros hábitos de trabajo y de vida y hacerlos más saludables y eficaces.

2.ª ed., 2013; 256 págs.; 15,5 x 23 cm; rústica; código: 286019; ISBN: 978-84-368-2753-8

Si lo desea, en nuestra página web puede consultar el catálogo completo o descargarlo:

www.edicionespiramide.es

TÍTULOS PUBLICADOS

CÓMO ENFRENTARSE CON ÉXITO A EXÁMENES Y OPOSICIONES, *F. Miralles Muñoz y M.ª del C. Sanz Segura.*

COMUNICACIÓN EFICAZ. Teoría y práctica de la comunicación humana, *G. Ballenato.*

CONSEGUIR TRABAJO CON EL CURRÍCULUM ADECUADO. Encontrar lo que se persigue, *J. Gray.*

DE LA UNIVERSIDAD AL PUESTO DE TRABAJO, *G. Castillo Ceballos y A. Rodríguez Sedano.*

EL ÉXITO EN LAS ENTREVISTAS DE TRABAJO, *I. Popovich.*

ESTUDIAR EN EL EXTRANJERO. Una guía completa para aprender y disfrutar al máximo de la experiencia, *D. Cabezudo.*

GESTIÓN DEL TIEMPO. En busca de la eficacia, *G. Ballenato.*

GUÍA DE LA NEGOCIACIÓN PARA MUJERES, *L. Aramburu-Zabala.*

HABILIDADES DE NEGOCIACIÓN. Todos podemos ganar, *L. Aramburu-Zabala.*

HABLAR EN PÚBLICO. Arte y técnica de la oratoria, *G. Ballenato.*

HAZLO AHORA. No lo dejes para mañana, *T. van Essen y H. C. Schouwenburg.*

LAS BUENAS MANERAS. Manual moderno de estilo, *E. Cyster y F. Young.*

RELAJACIÓN, *J. Hewitt.*

MANTENER LA MENTE ACTIVA. Retos para nuestro cerebro, *T. Horne, S. Wooton y S. Greenfield.*

TÉCNICAS DE ESTUDIO. El aprendizaje activo y positivo, *G. Ballenato.*

TRABAJO EN EQUIPO. Dinámica y participación en los grupos, *G. Ballenato.*

Si lo desea, en nuestra página web puede consultar o descargar el catálogo completo:

www.edicionespiramide.es